Pfingstrosen

Christa Brand / Kathrin Hofmeister

Pfingstrosen

Rosenpracht ohne Dornen

Deutsche Verlags-Anstalt

Inhalt

Blütenlust

Eine Blume inspiriert

»Innerhalb des weißen Wolkenmeeres sehen wir das Herz der purpurnen Morgendämmerung«, schwärmt Herr Mei Xiaochen. Er ist Dichter und spricht von der Schönheit der Blüte einer Strauchpfingstrose mit dem berühmten dunklen Basalfleck *(Paeonia rockii*, rechts). Das ist jetzt fast ein Jahrtausend her. Doch für die Chinesen stecken Päonien nach wie vor voller poetischer Botschaften. Allein die Farbpalette der Pfingstrosen lässt ins Schwärmen geraten. Sie decken ein Spektrum von Weiß über Lachsrosa bis zu Pink ab, glühen in Rottönen oder erfrischen in Zitronengelb. Wie sie ihre schwellenden Knospen zu Blüten aufplustern und blumige Diven schließlich Verblühtes zu Boden rieseln lassen, das hat schon etwas sehr Romantisches!

Auf der weißen Blüte der Strauchpfingstrose Paeonia rockii *fällt der portweinrote bis violettbraune Basalfleck sofort ins Auge.*

Pfingstrosenrausch

Päonien werden zu allererst wegen ihrer Blüten geliebt. Die sind im ursprünglichen Sinn des Wortes »ästhetisch«. »Aisthesis« ist griechisch und bedeutet »sinnliche Wahrnehmung«. Bei einer derartigen Pflanze sucht man unweigerlich nach geschmackvollen Vergleichen. Dann tragen Pfingstrosen Blüten wie aus Milch und Honig. Man fühlt sich an Sahnetorten und Baisers erinnert. Der Sohn des Züchters Carl G. Klehm dachte bei 'Raspberry Sundae' an Vanilleeis mit Himbeersoße auf einem Teller. Burgunderrote Sorten werden gerne mit schwerem Rotwein verglichen.

Dort, wo kulinarisch inspirierte Beschreibungen an ihre Grenzen stoßen, liefert die Beschaffenheit der Blütenblätter neuen Stoff. Von »Brokat wie Sonne und Mond« *(Jitsu Getsu Nishiki)* sprechen die Asiaten im Sortennamen einer Strauchpfingstrose. Neuere neuseeländische Züchtungen favorisieren ein Blütenmaterial wie aus Wachs.

Und die Staudenpfingstrosen? Fühlen sich ihre Petalen nicht wie Wildseide an? Die Stofflichkeit der überraschend festen und kühlen Blütenblätter lässt je nach Füllgrad an Kimono oder Ballkleid denken. In der Geschichte korrespondierten die Neueinführungen tatsächlich mit der jeweiligen Mode. Als beispielsweise die sogenannte Bomb-Form der Edelpfingstrosen aufkam, standen üppige Damengarderoben und Frisuren hoch im Kurs. Es gibt Pfingstrosengärtner, die sehen einen Zusammenhang

An fruchtige Eisbecher oder Petticoat-Mode lässt eine gefüllte Staudenpfingstrosenblüte wie die von 'He's my Star' denken.

zwischen der Nachfrage nach bestimmten Farben bei Päonien und den Einrichtungstrends.

In den letzen Jahren wurden einfachblühende Pfingstrosen stark nachgefragt. Man könnte die Vorliebe für schlichte Blüten mit den von Bienen freudig aufgesuchten Pollenkränzen als Wunsch nach mehr Natürlichkeit interpretieren. Die wiederentdeckte Lust an opulenter Blütenpracht wäre demnach eine Hommage an barocke Ideale: Solche Pracht versetzt in ehrfürchtiges Staunen und bewegt. Der großartige Staudengärtner und Gartenphilosoph Karl Foerster hat einmal gesagt: »Die Schönheit der edelsten einfachblühenden Sorten ist jeder der gefüllten ebenbürtig. Man braucht beides: Einseitigkeit ist und bleibt immer geistige Kleinstädterei.«

oben *In einem intensiven Lachsrosa präsentiert sich die gesuchte 'Salmon Chiffon'. 1981 von der Züchterfamilie Klehm in den USA herausgebracht, verkörpert die einfache, frühe* Lactiflora-*Hybride mit ihrem Blütenkleid wie aus Chiffon – Romantik pur.*

rechte Seite *Das Zitronengelb der Kaukasus-Wildart* Paeonia mlokosewitchii *ist ein ebenso seltener wie gefragter Farbton bei Pfingstrosen. Die Stofflichkeit ihrer seidig erscheinenden Blütenschalen fühlt sich überraschend fest an.*

Einfach blühende Pfingstrosen

Sie sind die Lieblinge der Ungeduldigen, Bienen und ökologischen Schöngeister. Mit den Einfachen beginnt die Pfingstrosensaison. Viele ihrer Sorten blühen vor den Gefüllten. Dadurch verlängert man die Blütezeit. Um einen Kreis aus Staubgefäßen ordnen sich ein oder zwei Reihen großer Blütenblätter (Petalen). Aufgrund ihrer Leichtigkeit bewegen sie sich beim leisesten Windhauch. Sonnenlicht schimmert durch ihre transparenten Blütenblätter und verändert die Farbe je nach Tageszeit. Ein weiteres Schauspiel bieten grün schillernde Rosenkäfer, die sich durch die Staubgefäße wühlen, und summende Insekten, die hier süße Nahrung finden.

Steckbrief

- Blüte
- Farbe
- Höhe
- Herkunft
- Besonderheit

Zeichenerklärung

Die Angaben des Blühzeitpunkts orientieren sich an den Erfahrungswerten im Pfingstrosengarten von Dr. Werner Müller im Unterallgäu. Je nach Region, Standort und Jahr können sich Abweichungen ergeben.

Sehr früh: Mitte April bis Ende April
Früh: Anfang Mai bis Mitte Mai
Mittel: Mitte Mai bis Ende Mai
Spät: Anfang Juni bis Mitte Juni
Sehr spät: Mitte Juni bis Ende Juni

① **'Krinkled White'** ***(Paeonia lactiflora)***

- Einfach, früh – mittel
- Zartweiß mit gelben Staubgefäßen
- Ca. 90 cm
- A.M. Brand, USA, 1928
- Beim Erblühen leicht rosa überhaucht, ist 'Krinkled White' vor allem durch die Massen an Staubgefäßen, aus denen grüne, weiß überzogene Stempel ragen, ein Hingucker. Die Blütenblätter sind am Rand wie Krepppapier gekräuselt. Sekundärblüten vorhanden.

③

② 'Thoma' ***(P. lactiflora)***

Einfach, früh – mittel

Lilarosa

↑ Ca. 90 cm

➡ Goos & Koenemann, Deutschland, 1919

★ Die standfeste Sorte bildet durch den dichten Blütenbesatz einen Blickfang im Garten.

③ **'Mai Fleuri' *(P.-lactiflora*-Hybride)**

Einfach, sehr früh

Satinweiße Blüten mit einem Anflug von reifen Aprikosenbäckchen im Jungstadium

↑ 60 – 80 cm

➡ Lemoine kreuzte hier 1905 in Frankreich die zwei Wildarten *P. lactiflora* und *P. wittmanniana* var. *nudicarpa*.

★ Bis heute sehr seltene Schönheit, die zwar nur eine kurze Blüte zeigt, aber durch ihr hellgrünes Laub besticht. Sie lässt sich sehr gut im Lebensbereich Gehölz verwenden.

Halbgefüllte und japanische Pfingstrosen

Auf dem Weg von den einfachen zu den gefüllten Formen bilden Halbgefüllte und Japanische das Bindeglied. Bei den Halbgefüllten bleibt das strahlend gelbe Zentrum aus Staubgefäßen sichtbar. Im Gegensatz zu den Einfachblütigen sind die Staubgefäße steril. In der Natur bedeutet keinen Pollen zu liefern eine längere Blütezeit. Durch den Kontrast von buschigem Zentrum und seidigen Blütenblättern sorgen die Mittler zwischen schlicht und bombastisch für reizvolle Abwechslung.

Besonders attraktiv präsentiert sich die Mitte der Pfingstrosenblüte bei der japanischen Form. Das Herz ist fransenartig aufgeplustert. Fast könnte man sagen, die veränderten Staubgefäße verleihen den Blüten das Aussehen von übergroßen Knöpfen an einem Clownkostüm. Häufig unterscheidet sich das ziselierte Innenleben auch farblich von den glatten Blütenschalen. Die wirkungsvolle Zweifarbigkeit macht den japanischen Typ zu einem echten Blickfang (nächste Doppelseite). Geradezu exotisch wirken Sorten, die ihr farbiges Inneres wie 'West Elkton' mit einer Goldkante veredeln. Ein weiterer Vorteil der reizvollen, aber nicht zu schweren japanischen Blüten ist die gegenüber gefüllten Formen bessere Standfestigkeit.

Aus der japanischen Blütenform entwickelte sich die häufig unter Japanisch geführte Anemonenblütige. Ihre Staubgefäße sind komplett in kurze, verschieden breite Blütenblätter umgewandelt und bilden damit die nächste Stufe in Richtung voll gefüllt.

① 'Crusader' *(Paeonia lactiflora)*

❁ Halbgefüllt, früh – mittel

❁ Dunkelweinrot mit gelben Staubgefäßen

↑ 60 – 80 cm

➡ Glasscock, USA, 1940

★ Großblumige Hybride von feiner Substanz und kompaktem Wuchs.

② 'West Elkton' *(P.-lactiflora*-Hybride)

❁ Japanischer Typ, mittel

❁ Tief burgunderrote Blütenschalen und auffällige Blütenmitte

↑ 90 cm

➡ William H. Krekler, USA, 1958.

★ Bemerkenswert ist der Kontrast zwischen Blütenblättern und der Blütenmitte, die aus zu Büscheln verbreiterten Staubgefäßen besteht. Diese sind rot gefärbt und tragen goldgelbe Spitzen.

③ 'Neon' *(P.-lactiflora*-Hybride)

❁ Japanischer Typ, mittel

❁ Kräftiges Karminrosa mit verbänderter Mitte und gold gerandeten Staubgefäßen

↑ 90 – 100 cm

➡ Nicholls, USA, 1941

★ Der Name ist Programm: Die Blütenfarbe wirkt wie Leuchtreklame für eine reich blühende Sorte.

④ 'Walter Mains' *(P.-lactiflora*-Hybride)

❁ Japanischer Typ, mittel

❁ Rote Blütenschalen mit rosaroter Füllung

↑ 80 cm

➡ Mains, USA, 1957

★ Neben der auffälligen Form tragen die cremegelb gesäumten Staubgefäßbänder zu den Farbeffekten dieser Sorte bei. ü1974 erhielt sie mit der Goldmedaille der Amerikanischen Päonien-Gesellschaft die höchste Auszeichnung für Pfingstrosensorten.

⑤ 'Raspberry Rose' *(P.-lactiflora*-Hybride)

❁ Japanischer Typ, früh – mittel

❁ Wie der Name sagt: ein faszinierender Farbton zwischen Erdbeerrot und Rosenrosa

↑ 70 – 80 cm

➡ Die von Auten, USA, 1956, herausgebrachte Sorte ging aus der Kreuzung einer Bauernpfingstrose *(Paeonia officinalis)* mit *Paeonia lactiflora* hervor.

①

②

③

④

⑤

Gefüllte Pfingstrosen

Sie repräsentieren die klassische Päonienform. Bei staudigen Pfingstrosen spricht man auch von der chinesischen Form. Von jeher hatten die Chinesen eine Vorliebe für unzählige Blütenblätter, die sich in Schichten aufeinander türmen. Solch voluminöse Blütenbälle erregen Aufmerksamkeit. Am liebsten möchte man in die dichten Kugeln greifen, um sich auch haptisch von einem Wunder zu überzeugen, das Fruchtblätter fast vollständig in Blütenblätter umgewandelt hat.

Die Krönung der gefüllten Blütenform ist der Bomb-Typ. Im Aufblühen bauscht sich die Blüte von der Mitte her auf. Die äußeren, oftmals andersfarbigen Blütenblätter sind länger und heben die inneren Petalen wie ein Bukett in die Höhe.

① 'Red Charm' (*Paeonia-lactiflora*-Hybride)

❁ Gefüllt, früh

❁ Samtiges Dunkelrot

↑ 80 cm

➡ Lyman Glasscock, USA, 1944

★ Ihre volle, kugelige Form erhält 'Red Charm' durch die stark gekräuselten Blütenblätter. Sie erinnert an die gefüllte Bauernpfingstrose *Paeonia off.* 'Rubra Plena' und trägt den gleichen verhaltenen Pfingstrosenduft. Aufgrund ihrer längeren Blütezeit, schöneren Laubs und Standfestigkeit ist sie eine echte Alternative. Zudem braucht sie weniger kalkhaltigen Boden als die Bauernpfingstrose. 1956 mit der Goldmedaille der Amerikanischen Päonien-Gesellschaft ausgezeichnet.

② 'He's my star' (*P.-lactiflora*-Hybride)

❁ Gefüllt (Bomb-Typ), mittel

❁ Farbtrio aus Rosapink, Creme und Karminrosa in einer Blüte

↑ 70 cm

➡ Neuere Sorte von Roy G. Klehm, USA, 2000

★ Zweireihig legen sich die äußeren rosapinkfarbenen Blütenblätter wie ein Schutzmantel um die creme- und karminrosafarbene Krone. Pro Stiel ein bis zwei Knospen. Leichter Duft.

③ 'Gardenia' (*P. lactiflora*)

❁ Gefüllt, mittel – spät

❁ Weiß, im Aufblühen zart rosafarben, großblumig

↑ 85 cm

➡ Eugene H. Lins, USA, 1955

★ Aus auffallend schönen rötlichen Knospen entwickeln sich großblumige Blüten in großer Anzahl. Der Name geht auf die Blütenform der bei uns als Wintergartenpflanze bekannten Gardenie zurück, deren Blüten als Smoking- oder Abendkleidaccessoire berühmt sind. Verströmt einen sehr guten Duft. Dekoratives dunkles Laub.

③

Begeisterung

Blume mit Geschichte

Seit mehr als zwei Jahrtausenden begeistern sich Menschen für eine Blume, die zum Malen schön ist. »Wir können nicht umhin, uns ihr zu nähern, als hätte sie uns etwas zu sagen.« Was Roger de Piles zur Malerei feststellte, trifft das Wesen der Pfingstrose.

Die Griechen sahen Paeon in ihr. Zeus höchstpersönlich hatte den angehenden Arzt der Götterwelt in eine Blume verwandelt. Züchter eiferten ihm nach. Nicht aus Mythen, sondern aus naturgegebenem Material formen sie neue Blütengestalten. Wer an Päonias Entwicklungsgeschichte mitwirkt, wird nicht selten mit einer eigenen Art bedacht. Und so wie eine *Paeonia delavayi* (rechts) von ihrem Entdecker und in China tätigen Missionar Jean Marie Delavay (1838–1895) kündet, könnte jede Päonie eine Geschichte erzählen.

Mitte bis Ende Mai öffnet die strauchige Paeonia delavayi *ihre kleinen weinroten Blüten und bietet ihren reichlichen Pollen den Insekten an.*

Wie wird man zum Päonier?

Die Wege und Geschichten, wie Menschen zu Pfingstrosen kommen und Pfingstrosen zu Menschen, sind so vielfältig wie die mit rund 33 Arten und unzähligen Sorten gesegnete Gattung *Paeonia* selbst.

Die Benediktiner-Mönche zum Beispiel: Sie waren die Ersten, die sich nach den Wirren der Völkerwanderung wieder an die Bestellung von Feld und Garten machten. Ihre Keimzelle lag mit dem Mutterkloster Monte Cassino in Italien. Vor der Haustür wuchsen Pfingstrosen wild. Die nahmen die gärtnernden Mönche in Kultur. Die »Benedikten-Rose« entpuppte sich als leuchtendes Beispiel ihrer Ordensregel »Bete und arbeite«. Die Wurzeln dienten der medizinischen Versorgung, die Blüten zum Lobe Gottes. Als wissbegierige Bildungspioniere, die in ihren Bibliotheken auf antike Quellen eines römischen Plinius zurückgreifen konnten, hatten sie sich kundig gemacht. In mittelalterlichen Zeiten war man auf die Fachkunde der Mönche angewiesen. Ihr Wissen gaben sie mündlich weiter.

Mit Fachleuten ins Gespräch zu kommen, ist für Päoniere immer lehrreich. Ein Züchter beispielsweise wird erzählen, wie die Kaltkeimer mühsam aus Samen gezogen werden, lange Zeit brauchen, bis sie auflaufen und noch einmal vier bis fünf Jahre, bis sie verkaufsfertig sind. Oder wie die durch Teilung von der Mutterpflanze vegetativ vermehrten Zöglinge wenig Stückzahlen bringen, aber viel Platz vereinnahmen. Landen sie schließlich beim Kunden,

Schon das Aufbrechen einer Pfingstrosenknospe ist von einer verheißungsvollen Schönheit, die Großes erwarten lässt.

Hat sich die altbekannte Bauernpfingstrose in ihrer gefüllten Form 'Rubra Plena' (Paeonia officinalis) *komplett entfaltet, fühlt man sich bestätigt.*

sollte man ihnen eine Eingewöhnungsphase von ein bis zwei Jahren zugestehen. In dieser Zeit können sie vom Idealtypus abweichen. Dann aber sind Päonien wie ein edler Tropfen Wein, dessen Wert mit den Jahren steigt.

Von solchen Pflanzen nahmen die Mönche neben ihren Rebstöcken, Hopfensprossen und Obstreisern stets einen Ableger mit, wenn sie aufbrachen, eine Zweigstelle des Mutterklosters neu zu gründen.

Auf ein »Erbstück« verlassen sich Pfingstrosenfreunde bis heute gerne. Päonien gehören zu den wenigen Pflanzen, die man sogar bei einem Umzug wie ein wertvolles Möbelstück mitnimmt. Denn Pfingstrosen wachsen nicht einfach im Garten – sie wohnen darin.

Zu Beginn des 20. Jahrhunderts rief der *Praktische Ratgeber für Obst- und Gartenbau* in Frankfurt an der Oder seine Leser auf, ihm »sicher beobachtete Lebensalterszahlen« von Gartenstauden mitzuteilen. Den Rekord hielt die Pfingstrose mit 78 Jahren. Statistisch könnte man also zum Päonier werden, weil man »nicht so viel tun will«. Während die meisten Prachtstauden alle drei bis vier Jahre neu aufgenommen werden, um ihre Schönheit auszuleben, wollen Pfingstrosen nach dem Einpflanzen nicht mehr versetzt werden. Der Standort muss daher klug gewählt sein: sonnig, in guter Gartenerde mit einer Dränage gegen Staunässe im Untergrund, und in einem Umfeld, in dem sich die Päonie entfalten kann. Neben Höhe und Breite sollte man über den Blütezeitpunkt Bescheid wissen.

Ist der Päonienfreund also ein Forschergeist wie Carolus Clusius (1526–1609)? 1588 erhält der berühmte Botaniker eine Sendung mit Päoniensamen aus dem Osmanischen Reich. »Scabaick« steht darauf. Es ist der türkische Name für eine Art, die Clusius 1601 als *Byzantina* beschreiben wird. Heute nennen wir die Byzanz-Pfingstrose *Paeonia peregri-*

Die Byzanz-Pfingstrose (Paeonia peregrina) *wird aufgrund ihres ausgefallenen Koralltons gern in der Züchtung eingesetzt.*

Die von ihr abstammende Kulturform 'Otto Froebel' liebt wie die Wildart einen durchlässigen Boden, der im Sommer ruhig trocken werden kann.

na. In der jüngsten Züchtung ist sie wegen ihrer korallroten Farbgebung begehrt.

Die Kräuterväter des 16. Jahrhunderts widmen sich lieber der altbekannten Apotheker-Pfingstrose *(Paeonia officinalis)*. Im Mittelpunkt ihres Interesses steht die Heilwirkung einer Pflanze. Clusius ist studierter Mediziner. Doch in der Bauerpfingstrose, über die Leonard Fuchs 1543 noch festhält: »Gichtwurtz wachsen in hohen Gebirgen/aber das weible würdt in vnsern landen in allen gärten gepflanzt«, entdeckt Clusius mehr als den Nutzen als Heilmittel gegen Epilepsie, Gallensteine und Krämpfe aller Art. Er will die verschiedensten Pfingstrosen um ihrer selbst willen und zur Mehrung des Wissens zusammentragen.

Kaiser Maximilian II., der den Gelehrten flämisch-französischer Abstammung 1573 an seinen Hof nach Wien beruft, bekommt das geballte Pflanzeninteresse des eifrigen Beobachters zu spüren. Clusius soll einen Heilkräutergarten anlegen und hinterlässt einen Botanischen Garten. Als Begründer der Tulpenzucht in Holland wird der Botanikprofessor in die Geschichte eingehen. Im Botanischen Garten in Leiden legt er mit zehn Päonien-Sippen aber auch die erste Sammlung von Pfingstrosen an. Wer etwas Besonderes hat, bringt es zu Clusius. Das Netzwerk von Wissenschaftlern, Lehrern, Ärzten, pflanzenbegeisterten Diplomaten und anderen Gelehrten aus ganz Europa floriert.

Päonienfreunden unseres digitalen Zeitalters steht das World Wide Web zur Verfügung. Professionelle wie Amateure stellen Wissen rund um die Päonie ins Netz. Jede gut sortierte Pfingstrosengärtnerei hält auf ihrer Webseite Informationen bereit (siehe Anhang). Wer es nicht längst schon weiß, wird auf den Unterschied zwischen Stauden- und Strauchpfingstrosen aufmerksam gemacht. Rein botanisch unterscheiden sie sich in ihrem Wuchsverhalten. Staudenpäonien

Staudenpäonie 'Cytherea' fasziniert mit ihrer Wandlungsfähigkeit: An einer Pflanze fotografierte Christa Brand am selben Tag erst eine Knospe.

Am gleichen Busch fand sie die aufbrechend pink getönte Blüte neben einer bereits weiter entwickelten rosafarbigen Schalenblüte.

sterben im Herbst oberirdisch ab und treiben im Frühling aus ihren unterirdischen Knospen neu aus. Strauchpfingstrosen verholzen und verhalten sich wie ein Blütenstrauch. Im Reich der Mitte waren die sogenannten 'Mu Dan' spätestens seit dem großen Blumenzeitalter der Sung-Dynastie (960 bis 1279) noch angesehener als die bereits als Inbegriff für Reichtum und Schönheit gehandelten staudigen Edelpfingstrosen.

Über Abbildungen auf Porzellan, Tapeten, Wandschirmen und Seidenstoffen machten die Europäer erste Bekanntschaft mit chinesischen Strauchpäonien.

Als Pflanzenfreund geht es einem nicht anders: Meist sucht man nach Katalogbeschreibungen oder Online-Bildern aus. Achtung: Nicht immer gleichen sich die Bilder. Denn Pfingstrosen können vom Auf- bis zum Abblühen regelrechte Metamorphosen durchlaufen.

Man kann die Seeleute, die Päonien im 19. Jahrhundert von ihren Handelsreisen mitbrachten, nicht mehr nach ihrer Motivation fragen. Doch eine Mischung aus Faszination für das Exotische und kaufmännischem Spürsinn zieht sich als roter Faden durch die gesamte Geschichte der Pflanzenjäger.

Unter ihnen gibt es Erscheinungen wie den deutsch-russischen Arzt Peter Pallas. Sympathisch wird er dem Päonienfreund nicht zuletzt wegen seiner Namensschusseligkeit. 1788 gibt der Entdecker der Edel-Pfingstrose ihr den botanischen Namen »weißblühend« *(Paeonia albiflora)*. Dabei hatte er ganz vergessen, dass er seine Errungenschaft aus China bereits zwölf Jahre zuvor »Milchblume« *(P. lactiflora)* getauft hatte. Wen wundert es da, dass seine Einführung ganz verloren ging und erst ein Sir Joseph Banks kommen muss, um die »shao yao«, was übersetzt so viel wie »die Blume, die Freude bringt« heißt, langfristig in Europa einzuführen.

In voll erblühtem Zustand verblasst die etwa 70 Zentimeter hohe, 1953 von Saunders in den USA gezüchtete Staudenpäonie.

Schließlich setzt sie sich eine Narrenkappe als Samenstand auf. Will sie damit etwa sagen: Es ist nicht immer einfach, Sorten charakteristisch abzubilden?

rechte Seite *Hat eine Strauchpfingstrose wie die* Lutea-*Hybride 'High Noon' hinter der Gartenbank erst einmal in einem Garten Platz genommen, kann sie uralt werden.*
unten *Mit den Intersektionellen gelang ein Coup: 'Court Jester' verbindet die ausgefallenen Farben der Strauchpäonien mit dem Wuchs der staudigen.*
ganz unten *Intersektionelle 'Julia Rose' changiert zwischen einem Orange-Gelb-Rot und braucht aufgrund des kräftigen Wuchses ihrer Art keine Stützhilfe.*

Der Päonier lernt aus dieser Geschichte, die Pfingstrosen in seinem Garten mit Namen zu beschildern. Und ist das Sortiment auch groß, wird der echte Päonier immer wieder einen Grund finden, noch eine Sorte zu benötigen. Welche es sein soll, erforscht man am besten zur Blütezeit in Schauanlagen. Sobald man den Drang in sich verspürt, auf Reisen zu gehen, wenn die Pfingstrosensaison beginnt, befindet man sich in der Nachfolge Robert Fortunes (1812–1880).

Der Brite reiste im Auftrag der Königlichen Gartenbaugesellschaft Englands nach China und bereicherte das Päoniensortiment. Der Auftrag lautete nicht anders als für den Privatmann: Finde die Pflanzenschätze mit »sehr schönen Blüten«. 1846 kehrte Fortune zurück und hatte über 120 lebende Pflanzen in die Heimat geschickt. Der reibungslose Transport war durch die Ward'schen Kisten möglich geworden – eine Art Miniaturgewächshaus, in dessen geschlossenem Mikroklima auch Exoten lange Schiffsreisen unbeschadet überstanden.

Heute sind Lebendversand und Verpackung völlig problemlos. Wurzelnackte Ware wird zur Pflanzzeit ab Ende August bis zum ersten Frost angeboten und verschickt. Getopfte Päonien sind theoretisch das ganze Jahr über verfügbar.

Fortunes importierte Strauchpfingstrosen, gut zwei Dutzend, sollten indes den Grundstein für die Vermehrung im Königreich legen. Doch die meist stark gefüllten Päonien entpuppten sich als unbrauchbar für das berühmte englische Wetter.

In Gegenden mit viel Niederschlag kann es noch heute ratsam sein, auf einfachblühende Sorten zurückzugreifen. Bei Regen saugen sich gefüllte Blüten von Strauch- wie Staudenpfingstrosen voll. Es soll fürsorgliche Gärtner geben, die ihren Lieblingen einen Regenschirm aufspannen.

Dass sich die einfacheren japanischen Päonien besser für das europäische Klima eigneten, erkannte der Urgroßvater der berühmten französischen Pfingstrosengärtnerei Rivière. Benoît ist einer der ersten Importeure. Frankreich wird zum Züchtungszentrum, die Päonie zum Kulturgut.

Von Gartenliebhabern wird die Edelpfingstrose häufig als die »besser zu uns passende Päonie« empfunden. Das mag damit zusammenhängen, dass sie zum vertrauten Bild jedes Bauern- wie Blumengartens gehört. Ganz sicher ist ihre Popularität der erfolgreichen Züchtung in Europa zu verdanken. Vielleicht hat es etwas mit dem Herzblut zu tun, das einer wie Auguste Dessert in 50 Jahren zwischen seinen Zöglingen in die Arbeit mit Päonien gelegt hat. Mit dem 19. Jahhundert beginnt das Barocke der Edelpfingstrosen. Félix Crousse spezialisiert sich auf Staudenpäonien mit gefüllten Blüten. In Victor Lemoine findet er seinen größten Konkurrenten und gleichzeitig guten Freund. Mehr als 100 Jahre wird sich das Traditionsunternehmen der Päonienzucht widmen. Der Gründer kommt als Erster auf die Idee, nicht nur Sorten miteinander zu kreuzen, sondern zwei unterschiedliche Arten zusammenzubringen. 1905 erschafft er die ersten staudigen Päonien-Hybriden aus Edelpfingstrose und Wildart. Seinem Sohn Emile Lemoine gelingt es, die ersten gelben Strauchpfingstrosensorten zu züchten.

Auf der anderen Seite des Atlantiks macht Arthur Percy Saunders (1869 – 1953) von sich reden. Der Chemieprofessor am Hamilton College in Clinton, New York, experimentiert. Wieder und wieder kreuzt er Päonienwildarten in seine Sammlung japanischer Strauchpfingstrosen. Die Erfolge sind sensationell. 1952 schlägt die Geburtsstunde von 'High Noon'. Die hochwachsende *Lutea*-Hybride in einem reinen Gelb mit leicht rotem Basalfleck und einer zweiten Blüte im September bei günstiger Witterung ist seine bekannteste Züchtung.

Mit einer *Paeonia-lutea*-Hybride gelingt die spektakulärste Züchtung des 20. Jahrhunderts. 1954 schafft es der Japaner Toichi Itoh, Strauch- und Staudenpfingstrosen zu kreuzen. Die Blüte seiner Sämlinge aus Edelpfingstrosen- und Strauchpfingstrosen-Hybriden sollte er nicht mehr erleben. Doch sein Vermächtnis ist der lebende Beweis für das neue Zuchtfeld der sogenannten Intersektionellen oder Itoh-Hybriden.

Noch vor 25 Jahren hätte man zum Päonier werden können, weil man eine Geldanlage suchte. Die

'Festiva Maxima' verkörpert das Idealbild der Edelpfingstrosen: Dicht gefüllt und duftend mit Seitenknospen, die ihre Blütezeit verlängern.

aus Amerika eingeführten Intersektionellen kosteten ab 300-D-Mark aufwärts. Bereits da wussten Päoniere, dass solche Investitionen dem Geldfluss in Kunst und Antiquitäten zu vergleichen sind: Hier legt man in Vermögensformen mit längerfristigen und fühlbaren Werten an. Denn welche Pflanze könnte langlebiger und von berauschender Großartigkeit sein als die Pfingstrose?

Die Züchtung schreitet fort auf der Suche nach Perfektion und dem Bemühen, den Geschmack der Zeit zu treffen. Gezielte Züchtung bedarf spezieller Verfahren, die wie jedes Betriebsgeheimnis streng gehütet werden. Zufallssämlinge dagegen können in jedem Garten entstehen, der viele Pfingstrosen beherbergt. Und schon so mancher Päonier hat als privater Sammler angefangen.

In der rosenfarbigen Strauchpfingstrose Paeonia *x* lemoinii *ist der berühmteste französische Pfingstrosenzüchter Pierre Louis Victor Lemoine aus Nancy verewigt, hier die Sorte 'Banquet'.*

Pfingstrosenparadies

In den Höllberggärten

Irgendwann Ende April, Anfang Mai taucht in einem kleinen Ort im Unterallgäu ein Schild auf, das gestern noch nicht hier stand. »Gärten Höllberg« liest der Pfingstrosenfreund auf dem Wegweiser und biegt in einen Feldweg ein. Die Päonienblüte und Hauptattraktion des über 1 Hektar großen Gartengeländes von Johanna und Dr. Werner Müller hat begonnen. Zwei Monate wird der Garten um ein traditionelles Bauernhaus Anziehungspunkt für Interessierte aus allen Himmelsrichtungen sein. In Zahlen ausgedrückt ist der zwölf Beete und eine Randbepflanzung umfassende Pfingstrosengarten eine beeindruckende Sammlung von 120 staudigen-, zwei Dutzend strauchigen Päonien und 15 Intersektionellen. In Worte gekleidet, lässt er einem »das Herz aufgehen«.

Um den 10. Juni kann man damit rechnen, dass in den Höllberggärten die Mehrzahl der Sorten wie im abschließenden Halbrundbeet in voller Blüte steht.

Der Beginn

»Angefangen hat es ja damit, dass meine Frau mir die Pfingstrosen aus dem Bauerngarten am Hauseingang vermachte«, erinnert sich Werner Müller. Die Vorstellung von einer pflegeleichten Staude mit spektakulärer Blüte und langer Lebensdauer ohne ständige Umpflanzaktionen sagte dem Zahnarzt zu. Auf der Schafweide des Wochenend-Domizils, das die fünfköpfige Familie als Traum vom Landleben gekauft hatte, war ausreichend Platz für einen eigenen Pfingstrosengarten. Als erfahrener Mediziner ging der Autodidakt in Sachen Päonien die »Operation Pfingstrose« fachmännisch an. Erst einmal mussten Dränagerohre verlegt werden. Päonien vertragen keine Staunässe. Im ersten Standjahr ist es wichtig, für ausreichend Feuchtigkeit zu sorgen. Eine zentrale Wasserstelle wertet den Gartenteil zudem optisch auf. »Immer wenn der Bagger für die vorgeschriebene Kläranlage da war«, erzählt der Tüftler, »ließ ich ein Loch von einem halben Meter Tiefe aus der Wiese graben.« Unten wurde eine Kiesschicht von gut 10 Zentimetern eingefüllt. Das restliche Pflanzbett schaufelte der Bagger mit der Müller'schen Spezial-Erdmischung aus einem Viertel reinem Lehm, einem Viertel abgelagertem Schafmist und zwei Vierteln Mutterboden zu. »Bei den neueren Pflanzungen gehe ich 10 Zentimeter über das Bodenniveau«, sagt der praxiserprobte Päonier. Mit der Zeit sacke die Erde. Anhäufeln sei anders als bei Stauden wie Phlox, Rittersporn oder

Vor rund 20 Jahren widmeten Werner und Johanna Müller den überwiegend staudigen Pfingstrosen einen eigenen Gartenteil. Seitdem wächst die Sammlung.

ganz oben *Mit der zart rosafarbenen und bis 1 Meter hohen, einfachblühenden 'Rosennymphe' verbreitet der Monat Mai seine Wonne.*

oben *Noch ein bisschen wonnevoller geht das mit der plüschig gefüllten 'Sarah Bernhardt', deren Blütenpracht allerdings gestützt werden will.*

ganz oben *Aus dem blauen Meer von Bartiris* (Iris barbata-elatior) *und weißem Blütenschaum von 'Laura Dessert' tauchen die Knospen von 'Henry Bockstoce' auf.*

oben *In den Farben eines Hochzeitskleids zeigt sich 'Peace' mit der Pfirsichblättrigen Glockenblume 'Grandiflora Alba'* (Campanula persicifolia).

Die wunderbare 'L'Étincelante' steht mit ihren zirka 80 Zentimeter hohen, silbrig gerandeten Blüten auf einer Höhe mit der Bartiris 'Dusky Challenger'.

ganz oben *'Pink Champaign' mit dem für den japanischen Typ charakteristischen Herz in strahlendem Gelb hat mit der blauen Bartiris 'Mer du Sud' den idealen Farbpartner.*
oben *Auf gleicher Höhe begegnen sich die weiße, einfachblühende 'Garden Peace' auf roten, verzweigten Stängeln und die korallfarbene 'Coral Charme'.*

Astern schädlich für Pfingstrosen. Stehen Staudenpfingstrosen tiefer als 5 Zentimeter unter Erdniveau, blühen sie nicht mehr.

Im eingefriedeten Areal herrschte jedoch alles andere als Blütenmüdigkeit. Als Erste siedelten der Arzt und die Apothekerin die Klassiker um. Johanna Müllers Mutter hatte sie ihnen als Leitstauden für den bäuerlichen Garten geschenkt. Nun grasten also keine wolligen Vierbeiner mehr das frisch eingezäunte Gelände ab – stattdessen zwei pfingstrosenbegeisterte Hobbygärtner die nächste Umgebung nach Lokalsorten. »Weißt du noch, wie wir quer durchs Unterallgäu gefahren sind?«, erinnert Johanna Müller ihren Mann, der sofort ergänzt, »und wenn uns in einem Garten eine Pfingstrose

rechts *Zur Pfingstrosenzeit werden die Reihen von weißer 'Immaculée', roter 'Kansas', rosigen 'Madame Ducel' und 'Sarah Bernhardt' sowie feuerroter 'Scarlet O'Hara' und unzähligen anderen Schönheiten täglich ausgeputzt, um bestens auszusehen.*

unten *In aller Frühe beginnt Werner Müller seinen täglichen Rundgang im Pfingstrosenparadies. 'Bunker Hill' ist noch von Morgentau benetzt.*

rechte Seite *Zum Zaun hin baut sich 'Festiva Maxima' auf. Bis der Rittersporn blüht, sorgen die Kugeln des Zierlauchs 'Globemaster' für Trommelwirbel.*
unten *Ein rosarotes Blütenband aus 'Kansas', 'L'Étincelante' und 'Lowell Thomas' zieht sich durch den eingefriedeten inneren Pfingstrosengarten.*
ganz unten *Am dekorativen Brunnen, der wirklich als Wasserstelle dient, blüht eine der beliebtesten europäischen Päoniensorten 'Bowl of Beauty' mit Zierlauch um die Wette.*

gut gefiel, haben wir an der Haustür geläutet, um zu fragen, ob wir ein Stück von der Weißen gegen eine Rote von uns tauschen können«. Schnell hatten die Pflanzenjäger die zehn gängigen Sorten der Umgebung beisammen. Sie zu bestimmen, entpuppte sich als unmöglich. Zu den Edlen mit den französischen Namen gesellten sich 'Frau Stöcklhuber' und 'Herr Pfeifer'. Benannt nach ihren ehemaligen Besitzern, bereicherten sie ihre Sammlung um Sorten, die sich im hiesigen Klima bewährt hatten und von Dorf zu Dorf weitergegeben worden waren.

Einmal vom Sammelfieber gepackt, vertiefte sich der Mann mit dem Doktortitel im Eigenstudium in das weite Feld der Päonien. Dabei klärte er auch die Frage, welche Begleitpflanzen sich zu den überwiegend staudigen Arten im inneren Pfingstrosengarten eignen: »Stauden, die deutlich über den Pfingstrosen stehen, passen gut«, findet Werner Müller, auf die Kerzen des Rittersporns zeigend, »und Stauden, die drunter gehen.« Akelei, Frauenmantel und Zierlauch schätzt er, weil sie zur gleichen Zeit blühen. Taglilien hat er zwischen die Horste seiner Hauptdarsteller gesetzt, »weil ihre schönen, hellgrünen Blattbüschel einen frischen Eindruck zwischen dem dunklen Pfingstrosenlaub erwecken«. Und was vielleicht noch wichtiger ist: »Wenn ich nach der Pfingstrosenblüte hier ausputze, will ich auch noch etwas Schönes Blühendes sehen.«

Macht die Päonie doch ein bisschen mehr Arbeit als gedacht? Werner Müller sieht das Ausputzen von Verblühtem aus ästhetischen Gründen und weil es vor Pilzkrankheiten schützt, als entspannende Tätigkeit. Und auch, dass jeder einzelne Busch relativ kurz blüht, stört ihn nicht. Sein Trick: Er dehnt die Blütezeit durch eine geschickte Wahl von früh blühenden Wildarten, Strauchpfingstrosen und zeitversetzt blühenden Edelpäoniensorten aus.

Übern Zaun

Da hatte der Allgäuer seine Pfingstrosenschäflein glücklich mit einem Staketenzaun eingepfercht und gedacht, »das reicht«, aber die Rechnung offensichtlich ohne sein leidenschaftliches Gärtner-Ich gemacht. »Als Sammler muss man alles haben«, sagt Werner Müller. Die Staudenpfingstrosen seien ihm zwar die liebsten, »weil ich find', dass sie am besten zu uns passen«. Aber ein paar Strauchpfingstrosen hat er doch im Sortiment. An ihnen erklärt er seinen Besuchern bei einer der zahlreichen Führungen während der Pfingstrosenzeit den Unterschied zu den nicht verholzenden Arten. Das äußerst dekorative Laub variiert stärker in Form und Farbe. Oftmals schillern die geschlitzten Blätter in einem leichten Blauton. Aktuell sind Strauchpfingstrosen mit purpurfarbenem Blattwerk gefragt wie die *Lutea*-Hybriden 'Age of Gold', 'Orion' oder 'Harvest'. »In Deutschland sind die strauchartigen Blütenbüsche im großen Stil erst eingeführt worden, als man in China mit der Massenveredlung auf Ammen begonnen hat«, erzählt der Kenner. Kurz gefasst, wird das Edelreis einer Strauchpäonie auf ein Wurzelstück einer Staudenpäonie gepfropft.

Nicht alle Staudenpfingstrosensorten eignen sich als »Amme«. 'Sarah Bernhardt' beispielsweise stößt die Veredlung ab. Gute Veredlung sei eine Kunst. Daher hält Werner Müller wenig von billigen Angeboten in Discountern oder Baumärkten an denen anstelle eines Sortennamens bunte Bilder mit dem

Kaum war im eingezäunten Terrain jeder Quadratmeter besetzt, ging es überm Zaun mit 'Albert Crousse', 'Raspberry Charm', 'Martha Bulloch' und 'Red Giant' weiter.

rechte Seite oben *Am Zaun entlang stehen viele amerikanische Sorten wie die 1973 von Klehm gezüchtete 'Cheddar Cheese' mit gekräuselten weißen Blütenblättern.*
rechte Seite unten *Die klassische Pfingstrosenform trägt 'Margarete Klose' zur Schau. Wer an ihr vorbeikommt, sollte unbedingt seine Nase in die dichtgefüllten Blüten stecken.*
unten *Neugierigen streckt die einfachblühende 'Sea Shell' ihre hübschen muschelrosafarbenen Blüten durch den Staketenzaun entgegen.*

Aufdruck Strauchpfingstrose rot oder gelb hängen. Einmal habe er seine private »Stiftung Warentest« durchgeführt: »Da konnten Sie zuschauen, wie die ›Amme‹ durchtreibt, vom Laien nicht erkannt wird und dominierend mit der Zeit die *Paeonia suffruticosa* verdrängt.«

Überraschungen will der Pfingstrosenfreund nur mit seinen Zufallssämlingen erleben. In einem Garten mit über 170 Varietäten sorgen Bienen und Hummeln automatisch für Zufallskreuzungen. Eine wie 'Fräulein Maria Müller', die der Päonienspezialist nach seiner Tochter benannt hat, lässt er schon mal stehen. Was an Neuzugängen erworben wird, ist dagegen gezielt ausgewählt. Aktuell geht es darum, die Liste der Goldmedaillengewinner der Amerikanischen Päonien-Gesellschaft zu vervollständigen. Seit 1925 verleiht die weltgrößte Vereinigung von Päonienkennern, bei der alle Neuzüchtungen angemeldet werden, die Auszeichnung für herausragende Sorten. Zwei Drittel dieser Goldkinder besitzen die Müllers bereits.

Eine Lieferung hat Werner Müller direkt in Amerika bestellt. »Das mach' ich nicht mehr«, warnt der Insider. Das Paket landet beim Zoll. Die verlangen ein Pflanzenschutzzeugnis. »Die immensen Kosten für die physiosanitäre Untersuchung werden auf die hohe Frachtgebühr draufgeschlagen.« Solche Investitionssummen steckt der Sammler jetzt lieber in Wildarten. Je mehr man sich damit beschäftige, umso interessanter seien die auch züchterisch neue Impulse liefernden Unverfälschten.

Draußen geht's weiter

30 Vasen voller Pfingstrosen halten den Rekord. So viel Blumenschmuck konnte Familie Müller ihrem Sohn zum Hochzeitsfest auf die Tische stellen, ohne dass man es dem Pfingstrosenparadies angesehen hätte. Seit der Grundbeetlegung vor über zehn Jahren sind zwei prachtvolle Päonienrabatten hinzugekommen. Konkav schwingen sie um eine Rasenfläche und folgen in ihrem Aufbau der Logik eines begehbaren Kunstwerks. Die höchsten Sorten stehen in der Mitte. Zu den Rändern hin erfolgt eine Stufung. Intersektionelle machen mit ihren dichten

rechts *Vom Haus mit dem ausgebauten Stall und dessen verglaster Front gelangt man durch den eingezäunten Pfingstrosengarten oder über den Rasen zu den äußeren Beeten.*
unten *Die in China in lichten Wäldern, Gebüsch und an Berghängen vorkommende* Paeonia mairei *hat es Werner Müller wie alle Wildarten angetan.*

Als letztes Beet im Zuge der Pfingstrosenleidenschaft kam ein Halbrund hinzu, in dem Strauch- und Staudenpäonien sowie deren Kreuzungen zusammenwachsen.

Laubbüschen als Abschluss eine besonders gute Figur. »Wenn ich jemandem eine Empfehlung geben sollte, der eine problemlose, standfeste, wüchsige Päonie mit langer Blütezeit für den Einstieg sucht, wäre es eine *Itoh*-Hybride«, sagt Werner Müller. Als Sammler interessiert ihn die Vielfalt. Der Laie würde sagen, da stehen doch fünf gleiche Sorten nebeneinander. Werner Müller wartet das sanfte Licht der Abendsonne ab und vergleicht Farbnuancen: »Diese durchscheinende Transparenz haben Sie nur bei den einfachen und japanischen Typen.« Da könne man feine Unterschiede erkennen. Wie die Blütenblätter je nach Lichteinfall changieren, fasziniert ihn. Der Wissenschaftler in ihm will den Wesensmerkmalen der einzelnen Sorten auf den Grund gehen. Worin unterscheiden sich 'Coral Sunset' und 'Coral Charme', die beide *Peregrina*-Blut in sich tragen? Prüfend zieht er das Metallschild neben einer der Sorten aus dem Boden: Name, Züchter, Blütenfarbe, Höhe und Duft,

Pfingstrosen aller Couleur lassen sich mischen, wie japanische Päoniensorten 'West Elkton' in Rot und 'Largo' in Pink neben gefüllter 'Catharina Fontijn' beweisen.

wenn vorhanden, hat er eingraviert. Nun vergleicht er die offiziellen Angaben mit seiner Wirklichkeit. Die farbliche Entwicklung hänge nicht zuletzt vom Säuregehalt des Bodens ab, hat der in einem Boden mit pH-Wert 6 gärtnernde Pfingstrosenfreund herausgefunden. Kein Wunder, dass der Päonier mittlerweile als Spezialist gefragt ist. Eines wollen alle wissen: »Wann ist es im Pfingstrosengarten am schönsten?« – »Wenn ein Drittel der Päonien in voller Blüte steht und eine Vielzahl an Blütenbällen kurz davor«, antwortet Werner Müller. Denn dann bleibt der Fantasie noch Spielraum.

Herrn Müllers Lieblingssorten

Beim Rundgang mit Werner Müller wird klar, dass er trotz einer Wertschätzung für die Individualität jedes Einzelnen seiner Zöglinge, klare Lieblinge hat. Man erkennt es an der allgäuerischen Formulierung: »Das is scho a Schöne.« Wildarten sind darunter und standfeste Hybriden mit einfachen Schalenblüten. In einer Region, in der es relativ häufig regne, seien die Einfachblühenden von Vorteil. Aus den dicht gefüllten schüttelt er nach einem Regentag schon mal 100 Milliliter Wasser raus. Klassiker wie 'Sarah Bernhardt' oder 'Festiva Maxima' mag er trotzdem: »Sie haben das, was Pfingstrosen ausmacht.« Die Kreuzung von solchen Edelpäonien mit Wildarten hält er für ein vielversprechendes Kapitel, in dem das letzte Wort noch nicht geschrieben ist. Amerikanische Züchter haben es vor Jahrzehnten aufgeschlagen. So findet man in Werner Müllers Sortiment viele Hybriden, die einen wilden und einen durchgezüchteten Elternteil haben.

①

① 'Salmon Glory ' (*Paeonia-lactiflora*-Hybride)

❁ Gefüllt, früh – mittel
❁ Tiefes Rosa
↑ 85 cm
➡ Glasscock, USA, 1947
★ Der hübsche Blüteneffekt der Kreuzung aus *P. officinalis* 'Rosea Plena' und *P. lactiflora* beruht auf einem Verblassen beim Heranreifen.

② 'Coral Charme' (*P.-lactiflora*-Hybride)

❁ Halbgefüllt, früh
❁ Korallfarben mit einem goldenden Zentrum von Staubgefäßen
↑ 70 – 90 cm
➡ Samuel E. Wissing, USA, 1964
★ Die Blüten der Kreuzung aus *P. lactiflora* mit der *P.-peregrina*-Sorte 'Otto Fröbel' erinnern an Alte Rosen. Faszinierendes Changieren der Blütenfarbe von der Knospe bis zum Abblühen. APS (American Peony Society) Goldmedaille, 1986.

③ *Paeonia emodi* (Wildart aus Nordindien und Pakistan)

❁ Einfach, früh
❁ Weiße Blüten mit gelber Mitte
↑ 80 cm
➡ Kommt am Naturstandort in Wäldern und Gehölzen in 1800 bis 2500 m Höhe vor.

★ Der gefällig wachsende Busch mit kräftigem, glänzendem Laub ist mit Blüten übersät. Wächst problemlos.

④ 'America' *(P.-lactiflora*-Hybride)

❁ Einfach, früh
❁ Schriller, feurig roter Ton mit einem reingelben Herz
↑ 90 cm
➡ Nathan Rudolph USA gewann die Hybride 1976 aus 'Burma Ruby' und einer Unbekannten
★ Die Hybride fällt durch die großen Blüten auf, die sich bei Sonnenschein tellerartig öffnen und bei sinkenden Temperaturen wieder schließen. Wüchsige, robuste Erscheinung auf festen Stielen. APS-Goldmedaille, 1992.

⑤ *P. obovata* var. *willmottiae* (Wildart aus China)

❁ Einfach, früh
❁ Weiß mit einer auffälligen Blütenmitte von dunklen Staubgefäßen auf roten Staubfäden und drei ebenso roten Narben, die wie Till Eulenspiegels Mütze aus dem Pollenkranz schaut.
↑ 70 cm
➡ Die Unterart der in China und Japan in Wäldern, in Gehölzen und im Gebirge wachsenden Wildart kommt in West-Hubei und Ost-Sichuan vor.
★ Die ausgefallene Art mit kurzer Blüte – bei heißem Wetter oft nur drei Tage – ist etwas Besonderes für Sammler.

① 'Garden Treasure' (Intersektionelle)

❁ Halbgefüllt, mittel – spät

❁ Gelb mit rotem Basalfleck

↑ 70 cm

➡ D. Hollingsworth, USA, 1984

★ Die aus der gelben Strauchpfingstrose *P. lutea* und der roséfarbenen Edelpfingstrose 'Alice Harding' gekreuzte Intersektionelle ist eine der beliebtesten Itohs. Durch zahlreiche Seitenknospen blüht die Robuste über mehr als zwei Wochen. Das dunkle Laub bleibt bis in den Herbst schön. APS-Goldmedaille, 1996.

② 'White Cap' (*P.-lactiflora*-Hybride)

❁ Japanischer Typ, mittel

❁ Tief pinkfarbene, fast rote Blütenblätter umgeben ein Zentrum cremeweißer, zum Teil himbeerfarben durchsetzter umgebildeter Staubblätter.

↑ 95 cm

➡ Winchell, USA, 1956

★ Sehr gefragte, und daher schwer zu bekommende APS-Goldmedaillengewinnerin, 1991. Spektakuläre Farbkombination der Blüte und gute Standfestigkeit der buschig wachsenden Sorte mit hervorragendem Duft. Zahlreiche Seitenknospen verlängern die Blühdauer.

③ 'Coral Sunset' (*P.-lactiflora*-Hybride)

❁ Halbgefüllt, früh – mittel

❁ Intensivster Korallton aller Corals, der je nach Blütenstadium variiert, cremegelb verblüht und von gelben Staubgefäßen akzentuiert wird.

↑ 90 –100 cm

➡ Dessert, Frankreich, 1920

★ Blütenoptik; bringt Seitenknospen hervor, was die Blütezeit verlängert; dunkelgrünes Laub färbt sich im Herbst purpurrot.

④ 'Carol' (*P.-lactiflora*-Hybride)

❁ Gefüllt, früh – mittel

❁ Blutrot

↑ 70 – 90 cm

➡ Henry Bockstoce, USA, 1955

★ Durch das ungewöhnlich langsame Aufbrechen der Blüte hat man bei der robusten, selbst für ausgesprochen kalte Lagen geeigneten Sorte lange etwas zu schauen. Duft.

⑤ 'Scarlet Heaven' (Intersektionelle)

❁ Einfach, früh – mittel

❁ Scharlachrot

↑ 70 – 80 cm

➡ Roger F. Anderson, USA, 1999

★ Beliebte Sorte, die die hübschen dunklen Blätter der Strauchpäonien geerbt hat.

⑥ 'Rozella' (*P.-lactiflora*-Hybride)

❁ Gefüllt, mittel

❁ Tiefes Rosa

↑ 80 cm

➡ Reath, USA, 1991

★ Überschwängliche Blüten, die an Rosen erinnern.

⑦ 'Alma Hansen' (*P. lactiflora*)

❁ Gefüllt, sehr spät

❁ Zu Beginn von innen nach außen von Rosa in Weiß übergehend

↑ 110 cm

➡ Cooper, USA, 1946

★ Die rosenartige Blüte hält ungewöhnlich lange und wird mit dem Heranreifen immer weißer. Stiele müssen gestützt werden.

②

③

④

⑤

⑥

⑦

Duft

Ein Näschen für Päonien

Solche Blüten laden zum Schnuppern ein. Man kennt das ja von Rosen. Schon allein in der Vorstellung muss so viel Schönheit von Duft gekrönt sein. Wer eine Dichtgefüllte erwischt, kommt meist in den Genuss eines bezaubernden Parfüms. In den Reihen der Edelpäonien mit Blüten wie Puderquasten befinden sich die Sorten mit dem besten Duft. Eine überraschende Bandbreite an Aromen hält die ganze Sippe bereit. Manche können einen auch mal »an der Nase herumführen«. Da ist nichts von Rosenduft, interessant herben bis geradezu würzigen Noten, oder Fruchtaromen. Wer aber erst einmal anfängt, in der Blütezeit als Pfingstrosen-Sommelier auf Duftsorten-Verkostung zu gehen, wird sich ein Gartenleben ohne Päonienduft gar nicht mehr vorstellen können.

'Marguerite Gérard' zeigt, dass sich auch über Duftgeschmack streiten lässt: Die Meinungen reichen von »nicht der Beste« bis zu »Wildkirschenblüten nicht unähnlich«.

Auf Schnuppertour mit dem Parfümeur

Pfingstrosenfreunde haben es schon immer gewusst: Das Parfüm ihrer Lieblinge ist ein frischblumiger Sommerduft, der seine Träger noch anziehender wirken lässt. Aber steckt in jeder Päonie der Duft für ein großes Parfüm? Ein Parfümeur und Freund des Hauses Müller wie Horst Richard Wagner kann das erschnuppern.

Es ist Mitte Mai. Unter den Duftwolken des Flieders sind die ersten Wildarten erblüht. *Paeonia emodi* aus Nordindien trägt entzückende weiße Blüten, deren gelbe Staubgefäße aussehen, als müssten sie nach purem Honig duften. Der Parfümeur nimmt eine Blüte zwischen Daumen und Zeigefinger und riecht. »Das geht für mich in Richtung Magnolie«, sagt er. Um einen Duftcharakter zu beschreiben, greift man auf einprägsame Pflanzengerüche zurück. Im Charakter des typischen Pfingstrosenduftes finden sich Rosendüfte, wie man sie von der Damaszener-Rose kennt, und fruchtige Aromen von Zitrusfrüchten wieder.

oben und unten *Unter den einfachblühenden Staudenpäonien findet man wenige, die einen Parfümduft versprühen. Nach der Schnupperprobe an einem noch namenlosen Sämling von Werner Müller am Zaun befinden der Parfümeur und sein Freund, der Pfingstrosenspezialist, über das angenehme Aroma mit leicht herber Note: »Die trägt den typischen Pfingstrosengeruch.«*

oben *Flieder füllt einen ganzen Garten mit seinem Duft. Päonien sind dezenter. Ein mit weißen Blüten übersäter* Paeonia-emodi-*Busch prägt das Geruchsbild dennoch.*
rechts *Jätet Werner Müller neben den Blüten der früh blühenden* Paeonia emodi *Unkraut, duftet es für ihn charakteristisch nach seiner Lieblingsblume.*

Der Parfümeur beugt sich ein zweites Mal über die Blüte, schnuppert nur ein paar Sekunden, um die Riechzellen nicht zu überreizen, und taucht mit einer gelb gepuderten Nasenspitze auf. Er will sich »durchriechen«, wie er sagt. Je nach Duftintensität und Dauer unterscheidet ein Parfümeur Kopf-, Herz- und Basisnote. Bildlich gesprochen steckt im Kopf einer Duftmischung der Geist der Kreation. Seine Aromen sind flüchtig, erreichen die Nase als Erstes und gehören den erfrischenden Düften nach Zitrus oder Noten, wie sie Pfefferminze verströmt, an.

Das Herz des Parfüms macht den Charakter aus. Seine Noten sind blumig wie Jasmin, fruchtig wie Birne, erinnern an frisch geschnittenes Gras oder stammen aus der Familie der Gewürze. Die schweren Gerüche liegen am Grund. Das kann beispielsweise der balsamische Duft von Myrrhe und Vanille sein oder der holzig-warme Geruch von Sandelholz.

Eine Duftmischung gleicht einer Melodie. Sie besteht aus vielen unterschiedlichen Tönen. Ein Komponist hält sie als Noten fest. Ein Parfümeur spielt die Klaviatur seiner Duftorgel in chemischen Formeln durch. Doch was würde dem Laien die Kürzel eines Geraniols sagen? Deshalb spricht der Parfümeur von leichtem Rosenduft, als er an einer Strauchpfingstrose *(Paeonia suffruticosa)* riecht. Eine *Päonia ostii* offeriert ihm erdige Töne. Früher oder später landet man bei Vergleichen. Dann riecht die *Paeonia obovata* var. *willmottiae,* als würde man gerade Erbsen in Großmutters Garten aus der Schote pulen. Solche Grünnoten treten in der Regel bei frisch erblühten Blüten auf. Mit dem Blütenstadium ändert sich der Duft. Und tatsächlich findet der Parfümeur in Blüten, die bereits mehrere Tage geöffnet sind, mehr balsamisch duftende Anteile.

Eine fruchtige Kopfnote nach Mandarine und »auch ein bisschen Nelkengeruch« identifiziert »die Nase«, wie man in Frankreich sagen würde, bei der zitronengelben Kaukasus-Pfingstrose mit dem Zungenbrechernamen *mlokosewitchii.* »Die riecht ganz anders als die anderen«, verkündet er begeistert und erzählt, dass die Parfümindustrie ständig auf der Suche nach neuen Duftstoffen ist. Meist geschieht das im Labor. Manchmal muss man dafür aber auch 3200 Höhenmeter in der Natur erklimmen.

rechts *»Die Pfingstrose riecht nach Pfingstrose«, stellte die französische Schriftstellerin Colette fest, und wehrte sich dagegen, ständig nach Vergleichen zu suchen. Ob sie ihr Näschen in die gefüllte 'Madame Claude Tain' gesteckt hat?*
rechte Seite oben links *Viele Strauchpfingstrosen duften. Für ihr fruchtiges Aroma ist die Gelbe Wildart* Paeonia lutea *bekannt, zu deren Gruppe die Hybride 'Alice Harding' zählt.*
rechte Seite oben rechts *Einen Citrusduft nach Mandarine und ein bisschen Nelkengeruch trägt die Kaukasus-Pfingstrose* (Paeonia mlokosewitchii).
rechte Seite unten links *Die Wildart* Paeonia obovata *var.* willmottiae *riecht mit mehr Grünnotenanteil völlig anders.*
rechte Seite unten rechts *In der Pfingstrosen-Hybride 'Claire de Lune' findet der Parfümeur eine animalische Note von Flieder.*

Der Parfümeur weiß von einem »Duftjäger« zu berichten, der im Gebirge der chinesischen Provinz Yunnan nahe der tibetischen Grenze fündig wurde. Im steilen Gelände erblickt er *Paeonia lutea*. Die Gelbe Päonie offenbart sich dem verzückten Finder in Form eines einmaligen Duftes: Getragen von einer würzig-süßen, leicht rosigen Note, die der Experte als Rosenholz identifizieren würde, vereint die Blüte die Aromen von Lavendel, Zimt und Cassis in sich.

Während Parfümeure mit der analysierten Formel neue Duftwässerchen mixen könnten, haben Pfingstrosenzüchter mit der Kreuzung aus der gelben Kaukasus-Pfingstrose und der duftenden Edelpfingstrosensorte 'Monsieur Jules Elie' *(P. lactiflora)* experimentiert. Herausgekommen ist eine Sorte, deren Name auch auf einem Eau-de-toilette-Flacon stehen könnte: 'Claire de Lune'. Vor dem inneren Auge erscheint das Bild einer Mondnacht, die von betörendem Duft erfüllt ist. Da allerdings muss die Sorte, wie viele einfach blühende Pfingstrosen, die Träumer enttäuschen. Mehr als ein Anflug von weißem Flieder ist nicht auszumachen. Manche einfachblühende Päonien stinken sogar regelrecht.

Für beglückende Duftmomente muss man auf die Blüte der gefüllten Edelpfingstrosen *(Paeonia lactiflora)* warten. In der zweiten Junihälfte schaut der Parfümeur noch einmal vorbei. Jetzt riecht es für ihn nach einer Kindheitserinnerung, die er mit seinem Freund teilt: »Weißt du noch der Garten neben dem Gasthof Sonne in Ottobeuren?« Er stand voller Pfingstrosen. Assoziationen, die das Gehirn in Zusammenhang mit bestimmten Gerüchen gespeichert hat, bleiben ein Leben lang bestehen. Die Erklärung liefert die Evolutionsgeschichte. Vor dem Hören und Sehen war der Geruchssinn. Beim Menschen hat er sich zugunsten der Optik zurückentwickelt. Das ehemals große Riechhirn übernahm andere Funktionen. Die stehen in Zusammenhang mit Emotionen, Motivation und Gedächtnis. Da mögen die Augen heute ruhig wichtiger geworden sein. Wer an einer duftenden 'Edulis Superba' riecht, sieht eine ganze Traumwelt von romantischer Sommerfrische vor sich.

'Edulis Superba' *(Paeonia lactiflora)*

❁ Gefüllt, früh – mittel

❁ Frisches Reinrosa mit einem speziellen Effekt durch die großen gewellten Blütenblätter, die mit einzelnen silberschimmernden Blütenblättern durchwirkt sind.

↑ 100 cm

➡ Lemoine, Frankreich, 1824

★ Herrlicher Duft Alter Rosen. Zählt zu den besten und schönsten Klassikern unter den Gefüllten Päonien. Mit dem Ausreifen der Blüten bildet sich eine Krone. Seitenknospen verlängern die Blütesaison. Exzellentes Laub. Eignet sich für den Schnitt. Wächst ausgesprochen gut in Lehmböden.

'Modeste Guérin' ***(P. lactiflora)***

❋ Gefüllt, früh – mittel

❋ Rosakarminrot mit einem violetten Teint, der zum Zentrum hin aufhellt.

↑ 80 cm

➥ Guérin, Frankreich, 1845

★ Herrlicher Rosenduft. Verdankt ihre anhaltende Beliebtheit dem Duft und der Bomb-Form ihrer zahlreichen Blüten auf standfesten Stielen. Besitzt feine Blätter, die sich im Strauß gut als Beiwerk machen.

① **'Auguste Dessert'** ***(Paeonia lactiflora)***

- Gefüllt, mittel – spät
- Mittelrosa mit silbrigem Rand
- ↑ 90–100 cm
- ➡ Dessert, Frankreich, 1920
- ★ Feinster Duft. Die Blüten öffnen sich spektakulär. Schönes dunkelgrünes Laub.

② **'Monsieur Jules Elie'** ***(P. lactiflora)***

- Gefüllt, früh – mittel
- Silbriges Rosenrosa wie von feinster Seide
- ↑ 90–110 cm
- ➡ Crousse, Frankreich, 1888
- ★ Feinster Rosenduft. Man findet sie nicht von ungefähr in allen Gärten dieser Welt. In Nordamerika ist sie die populärste Sorte, selbst wenn die schweren Blüten eine Stütze brauchen. Besticht durch ihre Blütenform: Die großen äußeren Blütenblätter formen einen Kelch, in dem sich eine Kugel aus inneren Blütenblättern spektakulär entfaltet. Eine der besten Schnittsorten. Starkwüchsig mit dunkelgrünem Laub.

③ **'Sea Shell'** ***(P.-lactiflora*-Hybride)**

- Einfach, mittel
- Muschelrosa mit einem dekorativen Herz aus kräftig gelben Staubgefäßen
- ↑ 90 cm
- ➡ Hans-Peter Sass, USA, 1973
- ★ Eine der wenigen duftenden Einfachblühenden. Elegante Erscheinung von lockerem, breit ausladendem Wuchs. Auf kräftigen Stielen stehen die großen Blüten, die beim Erblühen intensiv gefärbt sind. Gegen Ende der Blütezeit verblassen sie, ohne auszubleichen. Durch die zahlreichen kleinen Sekundärblüten blüht 'Sea Shell' über einen langen Zeitraum. Das hübsche Laub eignet sich ebenso für Arrangements.

④ **'Honey Gold'** ***(P. lactiflora)***

❊ Gefüllt, mittel

❊ Cremefarbene Blütenblätter, die ein goldenes Herz aus fein zerteilten, goldgelben Petalen umgeben

↑ 75–90 cm

➡ Klehm, USA, vor 1976

★ Zarter süßer Duft, der Pfingstrosengärtner jubilieren lässt: »Es ist eine Freude, an einem sonnigen Tag um sie zu sein, wenn die Wärme ihren köstlichen Duft freisetzt.« Bezaubernde Erscheinung durch die Farbkombination von Weiß und Gold. Besonders wirkungsvoll auch in der Vase.

⑤ **'Noémie Demay'** ***(P. lactiflora)***

❊ Gefüllt, mittel

❊ Zartrosa im Erblühen, das später in Weiß übergeht

↑ 70–85 cm

➡ Calot, Frankreich, 1867

★ Von edlem Päonien-Parfüm. Die sehr blühfreudige, alte Sorte hat seit ihrer Einführung nichts von ihrer Attraktivität verloren. Aufgrund ihres buschigen Wuchses eignet sie sich vor allem für den Vordergrund.

Gestaltung

Ideen über Ideen

Pfingstrosen machen es dem Einsteiger leicht und für den Fortgeschrittenen spannend. Auf dem Rabatten-Parkett bewegen sich die Blütenwunder ebenso selbstverständlich wie im Bauerngarten. Ein moderner Designergarten profitiert von der Wirkung der imposanten Erscheinungen in gleichem Maße wie das Sammlerparadies. Chinesen, denen es an einem Garten mangelte, arrangierten Pfingstrosen bereits vor fast 200 Jahren in Kübeln, um ihre jahreszeitlichen Veränderungen hautnah mitzuerleben. Für echte Päoniere sieht eine »artgerechte Gestaltung« für Pfingstrosen anders aus: sie pflanzen ihre Lieblinge ein. Denn schließlich steht eine Päonie nicht einfach nur im Garten. Sie residiert darin.

In der Galerie der Gestaltungsmöglichkeiten rangiert die Rabatte ganz oben. Ein Beet von Pfingstrosen zeigt die Pracht der Grand Dame unter den Blumen.

Rosen ohne Dornen

Blühen die Edelpfingstrosen in Farben wie Himbeereis und Sahnebaiser zwischen gelbgrünem Frauenmantel und blauviolettem Storchschnabel, schmelzen die Besucher des Staudensichtungsgartens Weihenstephan dahin. »Vorbildlich«, hört man dann am Rande der Schaupflanzung, oder »mustergültig«. Päonien, Frauenmantel und Storchschnabel sind ein Klassiker. Woran liegt's? Begleiter sollen die Schönheit der Hauptdarsteller hervorheben. Dazu dürfen sie in Form und Farbe nicht mit den Pfingstrosen konkurrieren, sondern müssen sie vervollkommnen. Frauenmantel *(Alchemilla mollis)* gelingt das mit luftig-leichten Blütenwolken in frisch-fröhlicher Vermittlercouleur. Storchschnabel *(Geranium magnificum)* schafft es durch die natürliche Ausstrahlung seiner blauvioletten Blüten, die einen Gegenpol zur rosigen Opulenz bilden. Gemeinsam betten sie die »Schönsten« in wiesenhafte Leichtigkeit. Dadurch erscheint das Pompöse rüschig gefüllter Blüten einer *Lactiflora*-Sorte 'Auguste Dessert' barock, aber nicht kitschig.

Während eine Rose mit den beliebten Stauden einen Hofstaat um sich scharen würde, wirkt die Pfingstrose inmitten von Frauenmantel und Storchschnabel, als lasse sie sich von guten alten Freunden feiern. Wir sind alle Stauden, lautet die Grundlage ihrer Übereinstimmung. Und wir blühen zur gleichen Zeit.

Viele Pfingstrosen weisen eine Blütenform wie Rosen auf. Rosenkavaliere Storchschnabel und Frauenmantel begleiten auch die Rose ohne Dornen aufs Schönste.

Farbspiele

Zur Blütezeit der Edelpfingstrosen steht die Erkenntnis des Malers Wassily Kandinsky sichtbar im Raum: »Farbe ist eine Macht, die direkt auf die Seele wirkt.« Mit der Palette an Farbtönen, die das Sortenrepertoire der staudigen Päonien bietet, fällt es leicht, stimmungsvoll zu vergesellschaften. Karminrot leuchtet die Sorte 'Bunker Hill'. Daneben geht 'Marguerite Gérard' von einem hellen Rosa in Weiß über. Im Hintergrund flammt 'Friesenblut' auf. Der Farbsystematiker Johannes Itten – bekannt durch seinen Farbkreis – hätte von einem Qualitätskontrast gesprochen. Der leuchtende Grundton wird durch Beimischen von Weiß und pastelligen Tönen aufgehellt. Die Komposition wirkt wie mit einem Weichzeichner bearbeitet. Gleichzeitig verstärkt das helle Lindgrün des Frauenmantels die Leuchtkraft der satten 'Bunker Hill'. Im Farbkreis liegen sich die beiden Farben gegenüber und ergänzen sich. Solche Komplementärkontraste sorgen dafür, dass eine Beetkomposition als harmonisch empfunden wird.

'Bunker Hill' *(Paeonia-lactiflora*-Hybride)

- Gefüllt, mittel – spät
- Hellkarmin bis Violettrot mit wenigen gelben Staubblättern
- 80 cm
- Hollis, USA, 1906
- Ein Gartenklassiker, der alle guten Eigenschaften hat, die man sich an Pfingstrosen wünscht: kräftiger Wuchs, schönes Laub, Blüten voller Romantik mit leichtem Duft und schnittgeeignet.

'Marguerite Gérard' *(P. lactiflora)*

- Gefüllt, mittel – spät
- Strahlendes Lachsrosapink mit einem leicht gerüschten silberweißen Rand
- 80–100 cm
- Dessert, Frankreich, 1920
- Populäre, wuchsfreudige Sorte, deren immense Blüten von blassem Rosé zu Cremeweiß übergehen. Zwischen dunkelrot gefleckten Blütenblättern blitzen gelbe Staubgefäße hervor.

'Schwindt' ***(P. lactiflora)***

- Einfach, mittel – spät
- Karminrosa mit goldgelber Mitte
- 95 cm
- Goos & Koenemann, Deutschland, 1910 oder 1919
- Sehr reichblühend. In ihrer schlichten Eleganz bereichert die großblumige 'Schwindt' jede Gartensituation. Sie ist eine der wenigen Einfachen, die zart duften.

Praxistipp

Frisches Aussehen

Viele Prachtstauden wollen in der Saison regelmäßig gegossen werden, um schön auszusehen. Eingewachsene Pfingstrosen dagegen muss man nicht viel gießen. Allenfalls in Sandböden kann es in Trockenzeiten während der Blüte wichtig sein, zu wässern.

oben *An einfachblühenden Sorten wie 'Schwindt' kann man eindrücklich beobachten, wie sich die Blütenfarbe je nach Lichteinfall wandelt. Noch liegt Tau auf der Blüte.*
rechte Seite *Im Licht der aufsteigenden Sonne tritt der Rosa-Anteil in den Vordergrund. Die farblich passenden, violettblauen Blüten des Kaukasus-Storchschnabels hellen sich auf.*

Paukenschlag im Prachtbeet

Die höheren Arten des Zierlauchs *(Allium* in Sorten) gehören zu den empfehlenswertesten Begleitpflanzen von Edelpfingstrosen. Wie Hunderte kleiner Sterne ballen sich die schillernden Einzelblüten zu einem Rund und geben dem Beet architektonische Wirkung. Die Textur dieser Bälle bildet einen schönen Kontrast zum seidigen Blütenstoff der Pfingstrosen. Die kugelige Form harmoniert mit den Blütenschalen der Hauptattraktion. Die überwiegend violettfarbenen Töne des Kugellauchs passen zur Farbpalette der Päonien.

Blühen Zierlauch und Pfingstrosen zur gleichen Zeit im Juni, setzen die Wunderkerzen des Kugellauchs dem Feuerwerk der Farben noch eins drauf.

Im Gegensatz zu anderen Nachbarn benötigen die Zwiebelblumen wenig Platz. Sie stellen keine Konkurrenz zu den Pfingstrosen dar. Bombastisch, ohne den Pfingstrosen die Schau zu stehlen, erheben sie ihre Blütenköpfe aus der Pflanzung.

Selbst die Samenstände des Zierlauchs sehen noch dekorativ aus und beleben das Beet, wenn sich die Pracht der Päonien dem Ende neigt. Im Gegenzug kaschiert das dichte Laub der Pfingstrosen die später unschön vergilbenden Blätter der Zwiebelblumen.

Die Kugeln des Zierlauchs setzen das i-Tüpfelchen auf jede Prachtstaudenpflanzung. Hohe Sorten schweben über Päonien und Kaukasus-Storchschnabel (Geranium magnificum).

Praxistipp

Auf die *Allium*-Sorte kommt es an

Kugellauch-Sorte 'Purple Sensation' hat sich als Partner bewährt. Sorten, die stark versamen, schneidet man besser ab, bevor die Samen zur Reife kommen. Hat man den Zeitpunkt bewusst oder ungewollt verpasst, sollte man Sämlinge im März ausjäten.

links und unten beide *Mit der Wahl der Zierlauch-Sorte steuert man den Blütezeitpunkt: sollen sie zusammen mit den Pfingstrosen blühen, das Beet vorab schmücken oder will man beides und setzt verschiedene Sorten? Die dekorativen Samenstände verlängern den Reiz.*

Zaungäste

Pfingstrosen wie 'Bu-Te' und 'Sword Dance' bilden imposante Blütenhorste, die als pflanzliche Skulptur eingesetzt werden können. Schon ein oder zwei Solitäre solcher Staudenpäonien an markanten Punkten installiert, schaffen das, was man in der Kunstszene »Happening« nennt. Die Faszination der Inszenierung lässt sich mit wertvollen Blütengehölzen ausbauen. Ein über und über mit weißen Sternen geschmückter Blütenhartriegel *(Cornus kousa* 'Milky Way') spannt sich als Himmelszelt auf. Eine Zaubernuss hat im Vorfrühling bereits eine Blütenvorstellung gegeben. Jetzt bildet sie mit ihrem hübschen Blattwerk einen ruhigen Hintergrund, der im Herbst schön färbt. Beide Gehölze sind von einer Grazilität, mit der sich die Päonien arrangieren können. Dem Wurzeldruck mächtiger Bäume und Sträucher wären sie nicht gewachsen. Kombiniert man dagegen kräftige, für die Landschaft geeignete Pfingstrosensorten – im englischen Sprachraum spricht man von *landscape peonies* – mit schmuckhaften Gehölzen und pflanzt alle zur gleichen Zeit ein, wachsen sie zu einem Gesamtkunstwerk zusammen. Im lichten Halbschatten verlängert sich die Blütezeit der Pfingstrosen sogar.

linke Seite *Chinesischer Blumenhartriegel 'Milky Way'* (Cornus kousa) *und Staudenpäonie 'Bu-Te' bringen das Rot der Sorte 'Sword Dance' zum Leuchten.*

'Bu-Te' ***(Paeonia lactiflora)***

- Japanischer Typ, mittel – spät
- Weiße Außenschale mit einem großen goldgelben Zentrum
- 100 cm
- Wassenberg, Niederlande, 1954
- Leuchtende Schönheit. Eignet sich auch als dekorative Schnittblume.

'Sword Dance' ***(P. lactiflora)***

- Japanischer Typ, mittel – spät
- Dunkelkarminrot mit auffällig gelbroten Staubblättern
- 80 – 90 cm
- Auten, USA, 1933
- Wüchsig, robust, reichblütig. Verträgt extreme Hitze ohne auszubleichen.

rechts *Um die Pfingstroseninsel am Zaun des Müller'schen Päoniengartens wird der Rasen kurz gehalten. Zwei Schritte weiter darf die Wiese wachsen. Solche Kontraste erhöhen die Spannung in einem Garten und schaffen optische Sichtachsen. Wie in einer Bildergalerie werden Schritt und Blick von Päonien-Meisterwerk zu Gehölzinstallation gelenkt.*

oben *Alle Arten von Blütenhartriegeln eignen sich hervorragend zu Pfingstrosen. Die reichblühende Sorte des Chinesischen Blütenhartriegels 'Milky Way' aus Amerika fällt durch ihren Blütendurchmesser von bis zu 11 Zentimeter auf.*

Im Bauerngarten

Was schön blüht, langlebig ist und vor Vitalität strotzt, fand von jeher Eingang in den Bauerngarten. Kein Wunder also, dass Pfingstrosen zum vertrauten Bild der unkomplizierten Gartengestaltung gehören. »Die machen halt was her«, würde es der Volksmund auf den Punkt bringen. Durch ihre Verträglichkeit untereinander werden ihre verschiedenen Sorten gern miteinander kombiniert. Das steigert den Eindruck üppiger Fülle. Hier kann sich eine rote 'Kansas' im Vordergrund von ihrer schönsten Seite zeigen. Dahinter lehnt eine 'Sarah Bernhardt' jegliche Zurückhaltung in Bausch und Bogen ab. Weiße Sorten wie 'Immaculée' heben andere Farben.

Während Massen einer Pflanzengattung schnell eintönig wirken können, stellt sich im Pfingstrosensortenallerlei ein geradezu berauschender Effekt ein. Aber auch mit anderen Blütenpflanzen des Bauerngartens stehen Pfingstrosen wie bei einem lustigen Fest auf dem Lande oder dem bunten Treiben eines Bauernmarkts zwanglos zusammen. Fehlt nur, dass der Clan der Sorte 'Kansas' sagt, »da schau her, die Fingerhüte! Geh', setzt's euch doch auf zwei Jahre her«. Fingerhut *(Digitalis purpurea)* gehört zu den kurzweiligen Stimmungsmachern, die im ersten Jahr eine Blattrosette bilden, im zweiten Jahr blühen und sich ihre Plätze danach über Aussaat selber wählen. Begleiter wie der weiße Storchschnabel *(Geranium phaeum* 'Album') stehen der Pfingstrosenmaid über mehrere Jahre treu zur Seite. Im rotierenden Alltag eines gegebenenfalls noch mit saisonalen Gemüsekulturen bepflanzten Bauerngartens bilden die sesshaften Pfingstrosen einen verlässlichen Ruhepol.

'Kansas' ***(Paeonia lactiflora)***

- Gefüllt, mittel – spät
- Im Aufblühen lässt die Farbe an eine reife Wassermelone denken
- 90–100 cm
- Bigger, USA, 1940
- Eine der populärsten Sorten von aufrechtem Wuchs. Auf starken, standfesten Stielen stehen die großen, formschönen Blüten, die je nach Lichteinfall in einem Blau- bis Silberton schimmern. Charakteristisch ist das breite und dunkle Laub, ideal im Vordergrund.

links *Unterschiedliche Sorten lassen sich wunderbar miteinander kombinieren. Vor weißer 'Immaculée' und rosafarbener 'Sarah Bernhardt' steht 'Kansas'.*

rechte Seite beide *Von der Knospe bis zum voll erblühten Pompon bietet die gefüllte Sorte 'Kansas' ein Schauspiel zwischen Fingerhut* (Digitalis purpurea) *und weißem Storchschnabel 'Album'* (Geranium phaeum).

Im Bauerngarten muss man sich keine Gedanken um »pflanzenarchitektonisches Design« machen. Hinter dem Staketenzaun harmoniert alles, was sich in der praktischen Anwendung als Standardsortiment herausgebildet hat. So weben verschiedene Edelpäonien mit blauem Rittersporn *(Delphinium-elatum*-Hybride) und weißer Glockenblume *(Campanula persicifolia)* ein Blumenband. Die unkomplizierte Art, Blütenstauden aneinander zu reihen, verleiht dem Bauerngarten eine wohltuende Unbekümmertheit.

oben *Traditionell werden die Blumen im Bauerngarten entlang des Zauns gepflanzt. Höhere Arten lehnen sich an. Pfingstrose und Rittersporn bindet man auf.*

rechte Seite *Der Name einer Sorte ist in den meisten Bauerngärten unwichtig. Über ihren Verbleib am liebevoll gearbeiteten Lattenzaun entscheidet das Aussehen.*

Praxistipp

Besser beringt als gebunden

Häufig sieht man mit Bast »auf Taille« gebundene Pfingstrosenbüsche. Zusammengeschnürte Horste sehen jedoch nicht nur unschön aus, sondern knicken an den Blütenstängeln auch leicht ab. Eine stilvolle Alternative bieten Weidenkränzchen. Sie werden aus zwei bis drei frischen Ruten geflochten und als Reif im Frühjahr mit dem Austrieb über den Horst gestülpt. Sprießt das Blattgrün, wächst der Ring mit, und wird immer weiter nach oben geschoben.

Es geht auch wilder

Wer hätte gedacht, dass der wahre Luxus unserer Zeit einmal die Rückbesinnung auf das Ursprüngliche sein würde? Wildarten sind das beste Beispiel. Ihren Luxus muss man sich leisten können. Sie blühen – bis auf *Paeonia emodii* – viel kürzer als die Zuchtformen und brauchen wegen ihrer stattlichen Erscheinung meist mehr Platz. Dafür belohnen sie den Liebhaber mit Stofflichkeiten und Blütenfarben, die sich deutlich von ihren in Kultur genommenen Geschwistern abheben. Auf ihre natürliche Art verkörpern die schönen Wilden ein Gefühl von Freiheit. Will man sie domestizieren, muss man ihnen Bedingungen bieten, die ihrem Naturstandort möglichst nahe kommen. Das erweitert andererseits das Einsatzgebiet der Pfingstrosen über das Beet hinaus. Mit der Netzblatt-Pfingstrose *(Paeonia tenuifolia*, rechts) erschließt man sich den Lebensbereich Freifläche. Die im Mai blutrot blühende Art mit dem wirkungsvoll fein gefiederten Laub kommt in Südosteuropa und dem Kaukasus auf Trockenwiesen vor. Für den Gartenplatz bedeutet das: Das Erdreich muss durchlässig sein. Der Boden sollte kalkreich sein und wird bei Bedarf mit Steingrus oder -splitt (zerkleinertes Gestein mit Korngrößen von 2 bis 6 Millimetern) abgemagert. Die Netzblatt-Pfingstrose steht den Großteil des Tages in voller Sonne.

Man könnte die etwa kniehohe Netzblatt-Pfingstrose (Paeonia tenuifolia) *mit ihrem wuscheligen Blattkostüm als Harlekin unter den Wildarten bezeichnen.*

oben *Blühen die violetten Küchenschellen von März bis April, stehen die knospigen Horste der Wildpäonien-Hybride* Paeonia × smouthii *in den Startlöchern.*

rechte Seite alle *Ihre leicht nickenden Blüten leuchten aus dem roten* Sedum-*Teppich im Kies. Entzünden die Junkerlilien ihre Kerzen, tragen sie dekorative Samenstände.*

Im Kiesgarten

Kiesgärten gelten als Zukunftsmodell. Sie liefern die gärtnerische Antwort auf zunehmende Hitzeperioden, denn sie kommen ohne Wasser aus. Kunstdünger und giftige Pflanzenschutzmaßnahmen sind nicht nur überflüssig, sondern unerwünscht. In solchen Anlagen fühlt sich die Wildpäonien-Hybride *Paeonia × smouthii* wohl. Auf einem trocken-warmen Südhang im Staudensichtungsgarten Weihenstephan reckt sie ihre attraktiv gefärbten Blattmäntel mit den knospigen Blütenköpfen der Sonne entgegen, sobald die Küchenschellen *(Pulsatilla vulgaris)* blühen. Das geschlitzte Blatt ist eine raffinierte Strategie, die Verdunstung herabzusetzen. Für den Betrachter sieht es auffallend schmuckhaft aus. Mit einer längeren Blütezeit als die nächste Verwandtschaft sammelt die herausstechend rote Wildstaude weitere Pluspunkte. Im Juni/Juli heben sich die dekorativen Samenstände gegen die gelben Blütenkerzen der Junkerlilie *(Asphodeline lutea)* ab.

***Paeonia* x *smouthii* (*P.-anomala*-Gruppe, syn. *laciniata*)**

- Einfach, sehr früh
- Dunkelpinkrot
- 60 – 80 cm
- Eine seit 1843 bekannte Kreuzung zwischen *Paeonia tenuifolia* und *P. lactiflora*. Sie ähnelt in Aussehen und Ansprüchen der Netzblatt-Pfingstrose (siehe S. 100/101). Ihre großen Horste bilden aber größere Blüten und breitere Blattabschnitte.
- Typischer Pfingstrosenduft.

Wildarten vom Weg- bis zum Beetrand

Eine eigene Gruppe um die hübsche Kaukasus-Pfingstrose *(Paeonia wittmanniana*, rechts und unten) bilden die namensgebende Art, die kräftiger zitronengelbe *Paeonia mlokosewitchii* (S. 106) und die blassere *Paeonia macrophylla*. Als Frühaufsteher unter den Pfingstrosen bezaubern die »Wittmannianas« bereits in der ersten Maihälfte mit ihren Blüten. Auf diesen Augenblick haben Pfingst-

unten und rechts *An einem viel begangenen Hauptweg blüht die Kaukasus-Pfingstrose mit den blauen Traubenhyazinthen am Fuße der Kornelkirschenhecke.*

Kaukasus-Pfingstrose *(Paeonia wittmanniana)*

- Einfach, früh
- Blassgelb mit oftmals filzig behaarten Fruchtblättern
- 70 – 90 cm
- Kommt im West- und Süd-Kaukasus vor, im Talysh-Gebirge in Süd-Aserbeidschan und im Elbwurz-Gebirge im Nordwest-Iran auf alpinen Weiden, an felsigen Hängen bis 1700 Höhenmeter.
- Problemlos in nährstoffreichen Böden in Sonne oder Halbschatten. Eignet sich auch unter Sträuchern.

① **Bauern-Pfingstrose *(Paeonia mollis)***
Einfach, sehr früh
Tiefrosa getönt mit interessantem Farbspiel
40 – 60 cm
Wahrscheinlich eine seit 1818 bekannte Gartensorte der im südlichen Europa heimischen *Paeonia officinalis*. Soll in der englischen Gärtnerei Loddiges aus Samen entstanden sein, den Pallas aus Russland sandte. Ansehnliche, bläulich-grün schimmernde Blätter, eingebuchtet.

② **Kaukasus-Pfingstrose *(P. mlokosewitchii)***
Einfach, früh
Zitronengelb, mit zierendem Innenleben in den ballförmigen Blüten aus Büscheln goldgelber Staubgefäße
45 – 70 cm
Stammt aus dem östlichen Zentral-Kaukasus.
★ Eine der schönsten Wildarten. Ihre schwefelgelben Blüten sind ideal zu blau blühenden Frühlingszwiebelblumen wie Präriekerzen *(Camassia)*. Hübsche Samenstände.

rosenfreunde gewartet. Ein bisschen ist das wie mit dem Federweißen zu Beginn der Weinsaison. Es sind halt die Ersten. Doch allein das macht ihr Erscheinen nicht zum Fest. Ein Hoch gebührt dem Laubwerk. Ist schon das frühzeitige Entfalten der grafisch geteilten Blätter ein Schauspiel, bleibt das bläulichgrüne Laub die ganze Saison über Blickfang. Das ist ein Vorteil aller Wildarten. Zudem sind sie meistens niedriger als die Kulturformen. Dadurch kann man mit ihnen sehr gut Höhenstufungen einbauen. Vertreter aus der *Wittmanniana-* oder *Officinalis*-Gruppe, zu denen unter anderem *Paeonia daurica* zählt, eignen sich als Beetpartner im Vordergrund. Sammler haben die Ahnen aller Pfingstrosen aus einem anderen Grund im Garten: Im direkten Vergleich ist es interessant zu sehen, wie sich die Päonien von der Wildblume zur Züchtung entwickelt haben. Oder umgekehrt, wie der lebendige Genpool immer wieder neue Impulse liefert. In der Gartenpraxis wird eine *Paeonia daurica* (S. 107) einfach mal dorthin gesetzt, wo noch ein freies Plätzchen ist. In ihrer unkomplizierten Art arrangiert sie sich am Fuße der Granitstelen einer Weinlaube mit einer Mandelblättrigen Wolfsmilch *(Euphorbia amygdaloides)*. Und siehe da, mit ihrer zauberhaften, frühen Blüte, in die sie einen hineinschauen lässt, und dem hübschen Blatt passt sie perfekt an den Sitzplatz.

③ **Rote Staudenpäonie *(P. anomala* ssp. *veitchii)***

❀ Einfach, mittel

❀ Rosafarbene Blüten mit gelben Staubbeuteln an rosafarbenen Staubfäden

↑ 30–50 cm

➥ 1907 für die englische Baumschule Veitch & Sons von Ernest Henry Wilson aus dem heutigen Sichuan in West-China gesammelt. Die Art ist auf subalpinen Wiesen und Gebüschen sowie auf Bergsteppen in 2500 bis 4200 Höhenmetern anzutreffen.

④ ***P. daurica* (syn. *P. mascula* ssp. *triternata*)**

❀ Einfach, früh

❀ Rosarot

↑ 40–60 cm

➥ Die Heimat zieht sich vom Balkan über Kleinasien bis Russland.

★ Unkomplizierte Art mit hübscher Kontrastwirkung zwischen rosafarbigen Blütenblättern und gelben Staubblättern um ein Zentrum mit dekorativ pinkroten Narben. Neben der Blüte fällt das Blattwerk auf: auf der Oberseite tiefgrün, auf der Unterseite leicht bläulich.

Strauchpfingstrosen

Es gibt wenige Blütensträucher, die eine derart große Faszination ausüben wie die Strauchpfingstrosen. Hortensien und Kamelien haben fantastische Blüten, aber die duftende Seidigkeit der Päonien-Blüten mit ihrer Palette an Pastelltönen bleibt unerreicht. Gartenarchitekten wie Hobbygärtner entdecken sie daher zunehmend als Augenweide. In ihrer wohlgefälligen Art übernehmen sie eine Vermittlerposition zwischen stattlichen Gehölzen und blumigem Fußvolk. Sie sind wie geschaffen für Lagen im Blickfeld. Dazu zählen Vordergärten oder häufig aufgesuchte Sitzplätze. In Weinregionen hat nicht nur das blühfreundliche Klima Strauchpfingstrosen in Hausnähe gelockt. Die von Weingütern und Steinmauern dominierten Plätze brauchten von jeher Gewächse, die die ganze Saison etwas darstellen.

In China stehen Strauchpfingstrosen seit Jahrhunderten für Wohlstand und Reichtum. Selbst die arme Landbevölkerung, die jeden Quadratmeter für den Gemüseanbau brauchte, holte sich die edlen Gewächse in die Hausgärten. Auf geheimnisvolle Weise schafft es die 'Mu-Dan' tatsächlich, ihre Umgebung ein wenig strahlender erscheinen zu lassen. Der Küchengarten avanciert unter ihr zum schönen Nutzen. Und im Ziergarten hat sie sowieso die kaiserliche Hoheit.

Strauchpfingstrosen der Rockii-*Gruppe könnten die Antwort auf die Klimaveränderung mit extremen Wetterlagen sein. Von Natur aus sind die robusten Gewächse trockene Sommer und kalte Winter gewöhnt.*

Wegbegleiter

Manche Strauchpfingstrosen-Sorten haben eine besondere Fernwirkung und stehen am besten am Endpunkt einer Sichtachse. Andere eignen sich zur direkten Draufsicht und sind die idealen Begleiter am Sitzplatz oder entlang der Hauptwege. »Sorte unbekannt«, müssen Besitzer schon mal passen. »Aber die Art müssen Sie doch wenigstens wissen«, bohrt ein Besucher beim Tag der Offenen Gartentür nach, wenn ihm die gesichtete Strauchpfingstrose als Wegbegleiter zum Hauseingang besonders gut gefällt. Schließlich gibt es Unterschiede in der Blütezeit und Robustheit der drei großen Strauchpfingstrosen-Gruppen: die ersten sind die *Suffruticosas.* Sie blicken auf die älteste Züchtungsgeschichte mit dem größten Farbspektrum und den ausgefallensten Blütenformen zurück. Ihre Pracht zeigen sie je nach Lokalklima ab April. Fast zeitgleich blühen die *Rockiis*, die in ihren Züchtungen das Charakteristische der Wildart erkennen lassen. Sie zählen zu den Pflegeleichtesten, und besitzen anders als die *Suffruticosas* eine hohe Resistenz gegen Pilzkrankheiten. Als Letzte folgen im Mai die als *Lutea*-Hybriden zusammengefassten Strauchpfingstrosen. Ihre Zuchtlinien tragen die derzeit angesagten Gelb-, Apricot- und Orangetöne und besonders hübsches Laubwerk.

Egal für welche Art oder Sorte man sich entschieden hat – die Standortansprüche sind für alle ähnlich. Gefragt sind sonnige bis absonnige Plätze. Halbschatten sagt vor allem Wildarten und ihren Hybriden zu. Ihnen reichen vier Stunden Sonnenlicht am Tag. Strauchpfingstrosen gehören zu den Frühaufstehern im Gartenjahr. Ideal sind daher Standorte, die zu Beginn der Saison frühmorgens im Schatten liegen. Scheint die im Vorfrühling bereits wieder kräftige Morgensonne auf die zarten Triebe bei wohlmöglich noch gefrorenem Boden, ist das wenig förderlich. In geschützten Lagen, wie sie an einer Hauswand bestehen, können sie sich dagegen langsam akklimatisieren. Treten plötzlich Spätfröste auf, kann eine vorübergehende Schutzabdeckung mit Vlies hilfreich sein.

rechte Seite beide *Notiert hat sich der Besitzer die beetfüllenden Strauchpfingstrosen als 'Hakuojishi' und 'King of White Lion'. Entscheidend war für ihn jedoch nicht der Name, sondern ihre pflegeleichte Art zwischen Hibiskus und Wiesenknöterich 'Superbum'. Eine Mauer schützt vor kalten Winden.*

Komm auf die Wiese

Gartenfreunde, die ihre Lieblinge am Naturstandort besucht haben, gehen oftmals eigene Gestaltungswege. In diesem Fall waren es die »wilden Wiesen« in Gebirgsregionen, die ihre Entdecker beeindruckten. So schön könne das kein Gärtner zusammenstellen. Aber er kann es versuchen: Zwei Baumpfingstrosen wachsen der Wiese entgegen. Zur Blütezeit der 'Mu Dans' recken verwilderte Waldhyazinthen und Tulpen ihre blauen Glockentürme und rosapinken Blütenkelche aus einem Grasteppich. 'Godaishu' und 'Joseph Rock' weben ihre prächtigen Blüten mit ein. Der in Beeten oft als stacksig empfundene Habitus dieser Baumpfingstrosen wirkt hier erfrischend natürlich. In China heißt es, man solle die *Rockiis* putzen wie die eigenen Schuhe. Bis auf acht kräftige Äste werden

'Joseph Rock' *(Paeonia rockii)*

- Einfach bis halbgefüllt, früh
- Weiß mit dem charakteristisch auberginefarbenen Basalfleck
- 120–130 cm
- Benannt nach Joseph Rock. Der Brite traf die Wildart im Lama-Kloster Choni im Süden der Strauchpfingstrosen-Provinz Gansu an und sammelte Samen. Der gelangte ins Arnold Arboretum (USA) und nach Hidcote (GB), wo die 'Rock's Varieties' weiter kultiviert wurden.
- ★ *Rockiis* sind für mitteleuropäisches Klima mit am besten geeignet.

'Godaishu' *(P.-suffruticosa*-Komplex)

- Halbgefüllt, früh-mittel
- Reinweiße, attraktiv gewellte Blütenblätter mit gelbem Zentrum
- 120–150 cm
- Japanische Kreuzung
- ★ Übersetzt bedeutet 'Godaishu' »Fünf Kontinente«. Tatsächlich ist die blühwillige Sorte, deren Blüten elegant über dem Laub stehen, allerorten beliebt. Eignet sich zum Schnitt.

die untersten Triebe ausgebrochen. Im Wiesenrain lässt man der Natur ihren Lauf.

In Staudeninseln bilden die je nach Art und Sorte 1 bis 3 Meter hohen Strauchpfingstrosen das Rückgrat der Pflanzung. Doch anders als der Buchs, an dessen Blattkleid sich das ganze Jahr über wenig verändert, oder der Weigelie, die außer zur Blütezeit eine Statistenrolle einnimmt, vollzieht sich an einer Strauchpfingstrose eine sehenswerte Verwandlung. Es beginnt mit dem Farbspiel des Neuaustriebs. Hybriden der mit Wildarten wie *Paeonia lutea* und *P. delavayi* gekreuzten *Suffruticosas* brillieren durch ihr ausgefallenes Blattwerk. Manche zeigen bis zur Blütezeit ein dunkles Laub. Was dem Betrachter die Bemerkung »welch' hübsche Laune der Natur« entlockt, ist eine gewitzte Marketingstrategie. Durch den dunklen Farbton entsteht eine größere Kontrastwirkung der Blüte. Das lockt Bestäuber wie Hummeln und Rosenkäfer an. Für Bienen sind die Staubfäden der Strauchpfingstrosen übrigens zu lang. Sie fliegen auf Staudenpäonien.

Nach der Blütenphase gehen die Blätter je nach Sorte in Grün über. Die dominierende Farbe im Garten wirkt immer wohltuend. Im grünen Allerlei des Gartens kommt jetzt die auffällige Form des Laubwerks zum Tragen. Viele Strauchpfingstrosen färben im Herbst. Die dritte Jahreszeit findet in der Gartengestaltung immer größere Beachtung. Der Farbeffekt des Blattwerks kann gezielt eingesetzt werden. Ihren Höhepunkt behalten die verholzenden Päonien dennoch zur Blütezeit im Frühjahr. In den Wonnemonaten blühen sie mit vielen anderen Blütengehölzen um die Wette. Auf der Pflanzinsel in Hausnähe (rechtes Bild) hat eine Magnolie den Blütenschwung wie das Holz beim Staffellauf an eine Gelbe Strauchpfingstrose 'High Noon' übergeben. Blütenstaffelung unter Gehölzen von vergleichbarer Kostbarkeit unterstreicht das exotische Flair einer Zusammenstellung.

'High Noon' (*P.-lutea*-Hybride)

- halbgefüllt, früh, blüht oft im Spätsommer nach
- leuchtend hellgelb
- bis 180 cm
- Arthur Percy Saunders, USA, 1952
- Ab dem 5. Standjahr remontiert die nach Zitronen duftende Sorte mit dem hübschen Laub. Dazu sollte man die langen, bis 1,50 Meter hohen Schosser, die die Pflanze mit der ersten Blüte bildet, stützen. An ihnen sind bereits die Knospen sichtbar. Um den Wurzelballen nicht zu verletzen, die Stützte schräg stellen.

rechte Seite *Der Höhepunkt einer Strauchpfingstrose bleibt ihre Blütezeit. Das helle Gelb einer 'High Noon' ist eine ebenso gefragte wie verträgliche Farbe in einem Potpourri von Wieseniris, Lichtnelke und Waldsteinien.*

Von Schwertlilien bewacht

Richten Gartenarchitekten ihre eigenen Freiräume ein, beachten sie alle Punkte, die gute Gestaltung ausmachen: Sie schaffen verschiedene Ebenen, staffeln den Aufbau und lassen Gegensätze aufeinander treffen. Zwischen dem Eisenzaun auf einem Mauervorsprung, der das Gelände des Nutzgartens abfängt, und dem Heer aus Schwertlilien *(Iris barbata-eliator)*, deren Blüteform Pate für die Spitzen des Zauns stand, erhebt sich die Strauchpfingstrose 'Kouka-Mon' wie eine Burgfeste. Im Garten geht es nicht um Vorherrschaft. Daher liefern sich die Wappenblume französischer Könige und die kaiserlichen Geschöpfe keinen Kampf um die edelsten Blüten, sondern steigern sich gegenseitig in ihrer Wirkung. Die farbenprächtige Stofflichkeit der Blüten ähnelt einander. Das macht sie zu Verbündeten. Der Aufbau dagegen unterscheidet sie. Das gibt der Kombination spannende Impulse. Die buschig wachsende Strauchpfingstrose setzt einen als Ruhepol empfundenen Akzent im Domgeläute der fächerförmigen Schwertlilien. Beide Blütenwunder entfalten ihre volle Wirkung im Gegenlicht. Von der Morgensonne durchstrahlt, leuchtet die im Schatten fast schwarze japanische Sorte 'Kouka-Mon' purpurrot.

Und wie sieht es mit den Bodenansprüchen aus? Auch in diesem Punkt passen Schwertlilie und 'Mu-Dan' gut zusammen. Da Strauchpäonien überwiegend aus Lössgebieten kommen, bevorzugen sie einen neutralen bis leicht kalkhaltigen Lehmboden. Entscheidender als die Bodenqualität ist jedoch ein guter Wasserabzug. Die ersten zwei Jahre etabliert sich die Pflanze. Um das Wurzelwachstum anzuregen, gibt man lediglich eine Handvoll Hornspäne ins Pflanzloch und lässt sie ansonsten »hungern«. Ebenfalls zu ihrem Besten, entfernt man im ersten Jahr die Blüten. Alle Kraft soll jetzt in die Wurzeln und nicht in Blüte und Samen gehen. Ab dem dritten Standjahr blüht sie dann über mehrere Jahrzehnte.

rechte Seite oben *'Tor von Kouka' heißt die Japanische* Paeonia suffruticosa *'Kouka-Mon'. Das liefert eine zündende Idee für die Gestaltung. Gerahmt von einem Hainbuchentor betont man die Akzentwirkung der auffallend reichblütigen und wüchsigen Schönheit mit den fransig eingeschnittenen Blütenblättern.*

rechte Seite unten *Die Form der schwertartigen Blüten der Bartiris* (Iris barbata-elatior) *findet ihr Pendant in den Spitzen des Zauns. In ihrer seidigen Stofflichkeit gleicht die Blume in allen Farben des Regenbogens* (Iris barbata-elatior) *der Strauchpfingstrosenblüte einer 'Kouka-Mon'.*

Floristik

Päonien paradiesisch arrangiert

»Madonna-Ros!« Wie wäre dieser Ausruf zu deuten? A) Die Betrachter sind überwältigt. B) Es wird ein volkstümlicher Name verwendet, der auf die Muttergottes verweist. Aber nicht nur zum Schmücken der Marienaltäre und als perfekte Streublume für Prozessionen hatten die Blüten der Pfingstrosen von jeher eine große Bedeutung. Neben Kirchenschmuck können Pfingstrosen so ziemlich alles, was den Tisch schmückt, das Haus ziert und ein floristisches Arrangement zum Objekt der Bewunderung macht. Da möchte man schon mal mit italienischer Leidenschaft ausrufen: »Madonna!«

Weist eine Blume so viele regionaltypische Namen wie die Staudenpäonie auf, belegt das meist eines: sie wurde und wird besonders gern als floristischer Schmuck verwendet.

Ideen vom Floristen

Auf diesen Augenblick warten manche Floristen ihr Leben lang: einmal die Lieblingsblume für alles Festliche frisch aus dem Garten pflücken. »Das ist schon gigantisch, durch die Päonien im Höllberger Garten von Werner und Johanna Müller zu gehen«, schwärmt Starflorist Aschwin Beukert. Für seine Arrangements, die einen Eindruck davon geben, was mit Pfingstrosen alles möglich ist, darf er an diesem Tag schneiden, was er will. »Gekauft bekommt man sie ja nur in knospigem Zustand«, berichtet der Blumenladenbesitzer. Das sei oft eine Zitterpartie, ob die Blüten bis zum Event-Termin aufgingen. Für den »Hausgebrauch« rät er daher, die Pfingstrosen nicht zu knospig zu schneiden. »Außerdem ist es toll, verschiedene Blütenstadien zu haben«, sagt er. Und dann diese Vitalität einer Freilandpäonie!

In der Blumenbranche ist das Pflanzmaterial meist genormt. Die angebotenen Sorten sind begrenzt. »Endlich mal was anderes als 'Sarah Bernhardt' und 'Alexander Fleming'«, ruft Aschwin Beukert begeistert aus, und läuft mit dem Floristenschnittmesser durch den großen Blütenrausch. Vor einer 'Bowl of Beauty' mit dem interessanten Innenleben des japanischen Blütentyps bleibt er stehen. Überraschend oft greift er zu den Ungefüllten: »Die wunderschönen Einfachen findet man im Schnitthandel kaum.« Für seine Väschensammlung scheinen sie besonders gut zu passen. Die Blüten

Fragt man Aschwin Beukert, warum Floristen Pfingstrosen lieben, lautet die Antwort: »Sie ist eine großartige Blume, die es nur in der Frühlingszeit gibt.«

Ebenso wichtig wie das eigentliche Blütenarrangement ist die Präsentation. Zu den mit Spitzenbändern verzierten Vasen passt die Landidylle.

Päonienblüten sind so aussagekräftig, dass jede Blüte für sich stehen kann. Im Väschen auf Augenhöhe kann man die individuellen Züge genau betrachten.

dürfen nicht zu schwer sein. Auch das ist ein Vorteil selbstgezogener Päonien. An einem Busch befinden sich oft unterschiedlich große Blüten. So kann man die zum Gefäß passende Größe aussuchen. Vor allem die Sorten mit Seitenknospen entpuppen sich als Glücksfall. Sie verlängern die Blütensaison und eignen sich oftmals besser für Sträuße mit anderen Gartenblumen.

In Aschwins erster Kreation fasst jede Vase nur ein Exemplar. »So kommt jede Blüte für sich zur Geltung«, erklärt er. Als Florist hat er aber nicht nur die Blume im Auge, sondern auch deren Präsentation. Zurzeit ist Vintage-Look angesagt. Vintage meint alles, was so aussieht, als habe der Zahn der Zeit daran genagt. Der blaue Schrank mit Gebrauchsspuren vor dem ergrauten Holzstapel als Installationsfläche für die Blütenparade ist ein Beispiel. Eigentlich müsste man dem nostalgischen Charme der Pfingstrose gar nicht viel hinzufügen. »Mein ehemaliger Chef in Japan war Ikebana-Meister«, beginnt der Weitgereiste zu erzählen. In seiner Tokio-Zeit hätten sie viele Ausstellungen mit Pfingstrosen durchgeführt: »Die Japaner sind ja ganz verrückt nach Päonien. Aber die Arrangements werden immer schlicht gehalten.« In den Höllberggärten zwischen Bayrisch-Schwaben und Allgäu entscheidet sich Aschwin Beukert für die europäische Variante: »Pfingstrosen bieten

Im Kranz bauschen sich an die 50 einfache und gefüllte Päonienblüten in Weiß und Zartrosa-Tönen. Zu den wolkigen Pastellfarben passen die dekorativen Blätter von Funkien (Hosta) *und der silbrige Teint des Kaukasusvergissmeinichts* 'Jack Frost' (Brunnera). *Von der Hainbuchenhecke sind hellgrüne Zweige mit grafisch geripptem Blatt eingearbeitet. Schmückt der Kranz bei einem Gartenfest den Rand eines Brunnenbeckens, könnte er als Kirchenschmuck ein Taufbecken zieren. In kleinerem Format eignen sich Päonienkränze als Tischdekoration.*

oben *Mit einem Griff wird die Pfingstrose zur »Seerose«: Schneidet man die Blüten kurzstängelig ab, kann man sie auf einer Wasserfläche frei schwimmen lassen.*
ganz oben *Ist der Päonienstrauß auf der Kaffeetafel wie das Sahnehäubchen auf dem Obstkuchen, sind die Frauenmantelrispen wie der dazugehörige Besuch – ohne undenkbar.*

oben *Verspielte Geißblattblüten* (Lonicera) *in einem poppigen Orange verleihen der pinkfarbenen Päonienkugel Pfiff. Etwas Zartes tut dominanten Blüten gut.*
ganz oben *Oft werde vergessen, wie schön Samenstände sein können, meint der Florist, und gesellt abgeblühte Zierlauchkugeln zur Päonienpracht in der bauchigen Glasvase.*

sich mit ihrer üppig runden Blütenform für barocke Buketts an.« Und schon hat er vier verschiedene Sträuße gebunden. Hierbei geht er vom Gefäß aus: »Das ist einfacher!« Entsprechend wählt er ein Farbthema. Zu jeder Farbe findet man in diesem Blütenparadies unzählige Übergangsfarben. Zur Rostfarbe einer alten Apothekerdose wählt er Päonienblüten wie vergilbende Folianten und ausgefallene Koralltöne. Den morbiden Charakter unterstreichen heruntergerieselte Blütenblätter.

Schön wäre auch ein romantischer Kranz für ein Taufbecken. Gesagt, getan. Schon ist Aschwin wieder auf dem Weg zu ‘Festiva Maxima’ und ihren Gespielen. Diesmal nimmt er Blütenbälle ins Visier, die im Farbbereich von Pastelweiß bis Puderrosa liegen. Auf dem Rückweg hat er ein paar Laubblätter eingesammelt. »Grad’ so, wie es sich ergibt«, erläutert er seine Auswahl an Beiwerk. Glücklich, wer im Garten aus dem Vollen schöpft! »Du kannst die Farben und Formen auf dich wirken lassen und intuitiv entscheiden, was zusammenpasst«, bestätigt der Mann im Blütenrausch. Am Ende türmen sich an die 50 Pfingstrosenblüten vor dem Kranzrohling aus Steckmasse.

Ebenso viele Blüten braucht er für seine Päonienkugel. »Ich liebe diese grafisch perfekte Form, beispielsweise als Tischdekoration«, meint der Florist. Und dann entdeckt er eine ganz neue Art der Garteninszenierung: von einem Windhauch bewegt, schwimmt der rundum mit Päonienblüten bestückte Ball auf einer Wasserfläche. Hier nennt man das Kunstbecken »Himmelsspiegel«.

»Aufschrift beachten«, ruft Aschwin und zaubert eine alte Apothekerdose für Päonienblätter hervor. Doch nicht nur der Bezug zwischen Gefäß und Blume ist raffiniert. Entgegen der üblichen Proportionsverhältnisse macht die Vase zwei Drittel und das Bukett nur ein Drittel aus.

Die besten Schnittsorten

① **'Lady Alexandra Duff'** ***(Paeonia lactiflora)***

Gefüllt bis halbgefüllt, mittel – spät

Zartrosa, im Verblühen in Weiß übergehend

80–100 cm

Kelway, England, 1902

★ Eine Prachtpfingstrose, die von den Züchtern immer wieder als eine der schönsten und großartigsten Schaupäonien bezeichnet worden ist. Sie blüht verlässlich, duftet und verkörpert einen romantischen Blumentyp, der für den englischen Cottage-Garden-Style steht. Und wo könnte man schönere Pfingstrosen schneiden als im eigenen Landgarten.

② **'Karl Rosenfield'** ***(P. lactiflora)***

Gefüllt, mittel – spät

Ein leuchtendes Karmesinrot

90 cm

Rosenfield, USA, 1908

★ Die perfekt gefüllten Kugelblüten sind besonders wertvoll für den Schnitt. Die großen Blüten setzen sich zusammen aus welligen äußeren Blättern und kugelig einwärtsgebogenen inneren Blütenblättern, die leicht gekerbt sind. Je nach Lichteinfall haben die dunkelroten Blüten einen bläulichen Schimmer und stehen auf standfesten Stielen.

③ 'Madame Claude Tain' *(P. lactiflora)*

❋ Gefüllt, mittel – spät
❋ Pures Weiß mit einem leicht cremefarbenen Schein im Zentrum
↑ 90 cm
➥ Doriat, Frankreich, 1927
★ Duftende Spitzen-Päonie für den Garten wie für die Vase. Von Insidern oft als die beste weiße Pfingstrose für die Schnittblumen-Industrie gesehen. Produziert an jedem der standfesten Stiele eine Blüte und bringt zudem Seitenknospen hervor.

④ 'Sarah Bernardt' *(P. lactiflora)*

❋ Gefüllt, spät
❋ Leuchtendes Rosa mit einem zarten Silberschein
↑ 80 cm
➥ Der französische Züchter Lemoine ehrte 1906 mit ihr die gefeierte Schauspielerin der Belle Epoque.
★ In den Niederlanden die mit Abstand meistkultivierte Pfingstrosensorte für den Schnitt. Eine der beliebtesten Päonien. Duftsorte.

⑤ 'Festiva Maxima' *(P. lactiflora)*

❋ Gefüllt, mittel
❋ Reinweiß mit einem elfenbeinfarbenen Untergrund, mit einigen karminrot geränderten Petalen
↑ 90 – 100 cm
➥ Miellez, Frankreich, 1851
★ Wertvolle Schnittsorte, die von den Floristen gesucht wird. Blütenbild der imposanten Kugeln vom Rosen-Typ durch rote Farbrändchen. Massenblüherin.

⑥ 'Jan van Leeuwen' *(P. lactiflora)*

❋ Japanische Blüte, mittel – spät
❋ Weiße Schalenblüten mit goldenem Staubfäden-Kranz
↑ 70 – 90 cm
➥ Van Leeuwen, Niederlande, 1928
★ Der kompakt wachsende Kultivarist ist ideal für den Schnitt. Einer der Favoriten in der Gunst deutscher Pfingstrosenkäufer.

④

⑤

⑥

Praxis

Langlebige Schönheit

Die gute Nachricht zuerst: Schnecken fressen keine Päonien. Und die schlechte? Gibt es nicht – wenn das Wetter keine Kapriolen schlägt. Extreme können selbst die sonst so robusten Strauch- und Staudenpfingstrosen belasten. Bei feuchtwarmer Witterung finden Pilzkrankheiten günstige Bedingungen. Gesunde Pflanzen trifft es weniger hart als geschwächte. Deshalb lohnt es sich, in vorbeugende Maßnahmen zu investieren: der Standort sollte ausreichend Sonnenlicht bekommen. Der Boden muss gut durchlüftet und nährstoffreich sein. Starke Stickstoffgaben dagegen sind zu vermeiden. Das macht das Pflanzgewebe zu mastig und damit pilzanfällig. Beachtet man diese wenigen Ansprüche, ist die Pfingstrose eines der treuesten Prachtgewächse im Garten.

Entpuppt sich das Hahnenfußgewächs als giftig? Unbedeutend, urteilen die Giftzentralen, oder frei nach dem Arzt Paracelsus: »Allein die Dosis macht, dass ein Ding kein Gift ist.«

Das Jahr des Pfingstrosengärtners

Mit der Schneeschmelze beginnt für Werner Müller die Saison im Pfinstrosengarten. Der Boden wird gekalkt. Das zeitige Frühjahr ist eine günstige Zeit für einen kalibetonten Volldünger. Das fördert die Blütenbildung und lässt die Triebe besser ausreifen. Im Lehmboden der Höllberggärten dient die jährliche Gabe gut verrotteten Komposts mit altem Schafsmist, die im Herbst als dünne Schicht aufgebracht worden ist, als Grundversorgung. Dazu kommt im Frühjahr eine Mischung aus Quarzsand und Oscorna zu gleichen Teilen. Jede Pfingstrose bekommt eine Handvoll. »Dabei soll der Dünger nicht ins Herz fallen, sondern außen um die Pflanze«, sagt Werner Müller. Das Einarbeiten findet automatisch beim Unkrautjäten statt. Da Staudenpäonien tief wurzeln, kann man direkt um den Stock hacken. Schießen die Pfingstrosen in die Höhe, wird es außerdem Zeit, die Stützringe aufzustellen. Die Höllbergschen Schmiedeeisengestelle sind selbst entworfen. Sie halten ausladende Exemplare im Zaum und verhindern, dass vor allem Blüten der üppig gefüllten umknicken. Durch die Sortenvielfalt beginnt die Blütezeit im April und endet Anfang Juli. Der tägliche Kontrollgang zeigt, ob von Pilzkrankheiten befallene Triebe herausgeschnitten werden müssen. Schon während der Blütezeit kappt Werner Müller täglich Verblühtes unterhalb des ersten voll ausgebildeten Blattes ab. Einige wenige Pfingstrosen tragen allerdings hübsche Samenstände. Was dekorativ aussieht oder für die Samenzucht gebraucht wird, bleibt am Busch. Ist im Juli alles Verblühte abgeschnitten, aus ästhetischen Gründen, um der Pflanze Kraft zu sparen und Krankheiten zu vermeiden, macht der Pfingstrosengarten bis zum Herbst keinerlei Arbeit.

Die optimale Pflanzzeit liegt von September bis November. Hat Werner Müller seine Neubestellungen in der feuchten Holzwolle ausgepackt und ein Pflanzloch gegraben, setzt er den Wurzelstock ein, füllt die Zwischenräume der Wurzel mit Erde und schlämmt das Ganze gut ein. Erst dann wird mit Kompost-Pflanzerde aufgefüllt. Achtung: Staudenpfingstrosen dürfen höchsten 3 bis 5 Zentimeter mit Erde bedeckt sein. Strauchpfingstrosen müssen mit der Veredlungsstelle 10 bis 15 Zentimeter tief unter der Oberfläche liegen. Die Blätter aller Staudenpäonien werden zum Saisonende eine Handbreit über dem Boden abgeschnitten.

S. 134/135 alle *Schon der Austrieb der Staudenpfingstrosen ist ein Farbschauspiel.*

rechte Seite oben beide *Die Stützhilfen müssen früh genug aufgestellt werden. Schnell wachsen die Blatthorste durch die schmiedeeisernen Ringe. Zur Blütezeit sieht man sie fast nicht mehr.*

rechte Seite Mitte links *Vor allem Wildarten der Staudenpfingstosen tragen dekorative Samenstände.*

rechte Seite Mitte rechts *Ab September ist Pflanzzeit. Die Gärtnereien verschicken die wurzelnackten rübenartigen Stöcke in feuchter Holzwolle verpackt.*

rechte Seite unten beide *Die schönsten Laubfärber findet man unter den Strauchpfingstrosen.*

Unterwegs

Adressen

Gärten Höllberg von Johanna und Dr. Werner Müller
Höllberg 14
87754 Kammlach
Tel. 083 36/17 91
www.gaerten-hoellberg.de
Der Privatgarten ist zur Pfingstrosenblüte nach Terminabsprache ab Anfang Mai bis Ende Juni geöffnet.
Unkostenbeitrag: 5 Euro, Führungen auf Anfrage möglich.

Pfingstrosen in den Weihenstephaner Gärten Hochschule Weihenstephan-Triesdorf
Am Staudengarten 7
85354 Freising
Tel. 081 61/71 40 26 (vormittags)
www.hswt.de/weihenstephaner-gaerten.html

Aschwin
Blumen und Dekoration
An der Isarau 1
85737 Ismaning
Tel. 089/96 37 00
www.aschwin.de

Eine Auswahl an Schauanlagen und Gärtnereien

Paeonienterrassen im Botanischen Garten Würzburg
Die umfangreiche Sammlung beherbergt einen Großteil der Strauchpfingstrosen-Sammlung von Friedrich Hertle und Wildarten der Paeonien.
Botanischer Garten der Julius-Maximilians-Universität Würzburg
Julius-von-Sachs-Platz 4
97082 Würzburg
www.bgw.uni-wuerzburg.de

Historische Pfingstrosensammlung der Gärtnerei Otto auf dem Hofgut Tachenhausen des Schau- und Sichtungsgartens der Fachhochschule Nürtingen
Hofgut Tachenhausen
726440 Oberboihingen
www.hfwu.de/de/lehr-versuchsgaerten/abteilung-tachenhausen.html

Strauchpfingstrosensammlung des Botanischen Gartens der Universität Tübingen
Haupteingang: Auf der Morgenstelle
72076 Tübingen
www.uni-tuebingen.de/einrichtungen/zentrale-einrichtungen/botanischer-garten.html

Strauchpfingstrosen im Arboretum Ellerhoop
Thiensen 4
25373 Ellerhoop
Tel. 04120/218
www.arboretum-ellerhoop-thiensen.de

Päoniensammlung der Hochschule Wädenswil
CH-8820 Wädenswil
www.zhaw.ch
Blütezeit Ende April bis Mitte Juni.

Gärtnereien

Bäuerleins Grüne Stube
Gartenstraße 17
93077 Bad Abbach
Tel. 0176/44 43 65 13
www.baeuerleins-gruene-stube.de
Mit Schauanlagen zur Blütezeit der Päonien im Mai/Juni nach Voranmeldung.

Paeonien Volker Emrich
Schmittpforte 9
55599 Wonsheim/An der Deutschen Alleenstraße
Tel. 067 03/40 46
www.paeonienemrich.de
Strauchpäonienblütenschau jährlich vom 28. April bis zirka 20. Mai.

Staudengärtnerei Gaissmayer
Jungviehweide 3
89257 Illertissen
Tel. 073 03/72 58
www.staudengaissmayer.de
Mit Päonien in den Schaugärten.

Wolfgang Gießler
Fabrikstraße 27
39240 Groß Rosenburg
Tel. 03 92 94/207 68
www.giessler-paeonien.de
Aufgrund des verheerenden Hochwassers 2013 befindet sich das Pfingstrosensortiment derzeit wieder im Aufbau.

Rottaler Pfingstrosen
Heinz Enzinger-Panitz
Außergernwallen 3
94166 Stubenberg
Tel. 085 74/91 97 79
www.paeonies.com
Zur Päonienblüte in den Monaten Mai und Juni werden spezielle Führungen angeboten.

Pfingstrosenparadies Stephan Tetzlaff
Kleinenbroicher Straße 85
41352 Korschenbroich
Tel. 021 61/46 54 99
www.pfingstrosen-paradies.de
Pfingstrosentage ab Mitte Mai bis Mitte Juni jedes Wochenende von 10–18 Uhr und Besichtigung zur Blütezeit nach Absprache.

Staudengärtnerei Gräfin von Zeppelin
Weinstraße 2
79295 Sulzburg-Laufen
Tel. 076 34/697 16
www.staudengaertnerei.com
Mit Schaugarten und Pfingstrosen-Mutterquartier.

Österreich

Pfingstrosengarten Miely
Uttenthal 4
4611 Buchkirchen
Tel. 00 43/699/11 75 97 08
www.paeonienmiely.com
Spezielle Pfingstrosentage Ende Mai.

Frankreich

Traditionspäoniengärtnerei Rivière
La Plaine
26400 Crest (Drôme)
Tel. 00 33/475/25 44 85
www.pivoinesriviere.com
Besichtigung der gesamten Kollektion zur Pfingstrosenblüte vom 15. April bis 1. Juni.

Vereine

Fachgruppe Päonien in der Gesellschaft der Staudenfreunde
www.gds-staudenfreunde.de

American Peony Society
Amerikanische Päonien-Gesellschaft
www.americanpeonysociety.org

Pflanzenregister

Aufgenommen wurden nur die Textstellen mit ausführlichem Pflanzensteckbrief. ***Fett*** gesetzte Seitenzahlen verweisen auf die Abbildungen.

Dank

Ganz herzlich bedanken wir uns vor allem bei Dr. Werner und Johanna Müller (unten links), in deren prachtvollem Pfingstrosengarten wir zu jeder Tages- und Jahreszeit fotografieren konnten. Die unserem Floristen erlaubten, nach Herzenslust, ohne Beschränkung, Pfingstrosen zu schneiden. Die sich stets Zeit nahmen für alle Fragen und Anliegen von Fotografin und Autorin und die denkbar informativsten und unterhaltsamsten Antworten gaben.

Dank an den Parfümeur und Freund des Hauses Horst Richard Wagner für die »Schnuppertour« durch den Garten.

Bedanken möchten wir uns auch bei dem Floristen Aschwin Beukert, der bereit war, an einem Tropentag im Juni im Pfingstrosengarten Müller Sträuße und Kränze zu binden.

Ganz herzlichen Dank an Bernd Hertle und Ulrike Leyhe vom Sichtungsgarten Weihenstephan für die Möglichkeit zu jeder Tageszeit, ob frühmorgens oder spätabends, die umwerfend schönen Pfingstrosenbeete fotografieren zu dürfen.

Wir bedanken uns bei den Profigärtnern, die mit ihrem Fachwissen aus der Praxis bei der Recherche behilflich waren und bei den Gartenbesitzern, die bereit waren, zur Pfingstrosenzeit die Gartenpforten für Aufnahmen zu öffnen.

Vielen Dank an Roland Thomas von der DVA, der unseren Pfingstrosenideen die größtmögliche Freiheit ließ. Nur so ist Kreativität möglich.

Und ein großer Dank an Monika Pitterle, die mit ihren Layoutideen unserem Konzept zu einem so schönen Buch verholfen hat.

Christa Brand und Kathrin Hofmeister

MIX
Papier aus verantwortungsvollen Quellen
FSC® C004592
FSC
www.fsc.org

Impressum
Verlagsgruppe Random House FSC® N001967
Das für dieses Buch verwendete FSC®-zertifizierte Papier *Profisilk* liefert liefert Sappi, Alfeld.

1. Auflage

Satz und Layout: Monika Pitterle/DVA
Gesetzt aus der Minion Pro und der Frutiger LT Std
Lithographie: Repro Ludwig, A-Zell am See
Druck und Bindung: Firmengruppe APPL, aprinta druck, Wemding
Printed in Germany
ISBN 978-3-421-03917-0

www.dva.de